Herausgeberin

Gisela Kleuckling, Weberstr. 55, 06385 Aken

Autoren

Frank Hannig ist Rechtsanwalt und Strafverteidiger; seine Anwaltskanzlei befindet sich in Dresden.

Nick Hein ist ehemaliger Bundespolizist, Judoleistungssportler und Trainer, unter anderem für Selbstverteidigung und Konfliktmanagement.

Sven Kleuckling ist Polizist in Sachsen-Anhalt und war viele Jahre lang insbesondere als Trainer und Schießausbilder für Polizeivollzugsbeamte und Kriminalbeamte tätig.

Ralf Piekenbrock ist Polizeibeamter in Nordrhein-Westfalen und General-sekretär sowie Kommissionsleiter Europäische Standards Innere Sicherheit/Terrorabwehr der Familien-Partei Deutschlands.

Konzeption und Redaktion

Michaela Blaha ist Autorin, Lektorin und Expertin für verständliche Sprache.

Fotografie

Das Bildmaterial im Beitrag von Sven Kleuckling stammt von *P & R Photography* in Köthen (Sachsen-Anhalt).

Druck

Amazon Media EU S.à r.l., 5 Rue Plaetis, L-2338, Luxemburg (2019)

Gisela Kleuckling (Hrsg.)

mit Michaela Blaha (Redaktion)

Sicherheit am Limit

ISBN 978 1 790 58407 9

Inhalt

Widmung (von Gisela Kleuckling)

Als Krankenschwester mit knapp 40-jähriger Berufserfahrung, die täglich mit Einsatzkräften Hand in Hand arbeitet, weiß ich um die hohen Anforderungen, die täglich an unsere Einsatzkräfte gestellt werden. Rettungskräfte und Polizisten sorgen 24 Stunden am Tag und 365 Tage im Jahr dafür, dass wir alle möglichst sicher leben können. Und sie sind sogar bereit, ihr Leben dafür zu riskieren – jedes Jahr werden tausende von Einsatzkräften bei der Ausübung ihres Berufes verletzt, teilweise tödlich. Den mangelnden Respekt, dem sie täglich ausgesetzt sind, nehmen sie dabei genauso in Kauf wie eine durchaus überschaubare Bezahlung. Ihr Beruf ist für sie eine Berufung.

Das gilt auch für meinen Sohn Sven, der sich für den Beruf des Polizisten entschieden hat. Meine eigene Ausbildung liegt schon lange zurück, doch als mein Sohn Polizeianwärter war, wurde mir noch einmal bewusst, welch hohen Stellenwert die Ausbildung junger Menschen hat. Dies gilt natürlich auch und vor allem für die Polizei, die für die Sicherheit in unserem Land von höchster Bedeutung ist. Nur gut angeleitete Polizeianwärter können später auch gute Polizisten werden.

Es ist aber auch kein Geheimnis, dass nicht alle, die mit einer offiziellen Befähigung als Ausbilder ausgestattet sind, wirklich gut ausbilden. Aus diesem Grund gilt allen Ausbildern unserer Rettungskräfte, die ihre Aufgabe gewissenhaft und gut erfüllen, mein höchster Respekt.

Einem von ihnen ist dieses Buch gewidmet. Es handelt sich um einen Polizeibeamten, von dem ich weiß, dass er die Ausbildung meines Sohnes besonders positiv geprägt hat. Der Trainer, der hier gemeint ist, wird wissen, dass er gemeint ist …

Die Intention dieses Ausbilders war es, angehenden Polizisten etwas mit auf den Weg zu geben, das auch „draußen auf der Straße" anwendbar ist. Das von ihm gelehrte Schutzkonzept basiert auf über jahrzehntelanger Erfahrung in verschiedenen Zweikampfstilen. Sein besonderer Schwerpunkt war es zu vermitteln, wie man Angreifer mit Elementen aus dem asiatischen Kampfsport Wing Chun effektiv abwehren kann. Es handelt sich um ein einprägsames System, das auch für Anfänger geeignet ist und deswegen von den Polizeischülern gut umgesetzt werden konnte.

Dieser Polizeibeamte verstand es ganz offenkundig, die Polizeischüler für das, was er lehrte, zu begeistern. Ich konnte es meinem Sohn förmlich ansehen, wenn er wieder einmal Unterricht bei diesem Ausbilder hatte, denn an solchen Tagen war mein Sohn von seiner Ausbildung ganz besonders begeistert.

Gleichzeitig ging es aber an ihm nicht spurlos vorüber, dass der von ihm so geschätzte Trainer innerhalb der Polizei immer wieder auf Kritik stieß, weil die von ihm vermittelten Techniken angeblich zu brutal und nicht verhältnismäßig seien.

Doch der Trainer ließ sich trotz dieses „Gegenwindes" weder von seinem auf praktischer Erfahrung beruhenden Kurs abbringen, noch versteckte er sich vor seinen Kritikern. In seinem Unterricht machte er die ihm entgegengebrachte Kritik immer wieder zum Thema und verdeutlichte auf anschauliche Weise, dass Effektivität und Verhältnismäßigkeit sehr wohl miteinander vereinbar sind.

So kamen unzählige Polizeischüler in den Genuss einer Ausbildung, in der die Selbstverteidigung doch noch realitätsnäher gelehrt wurde als anscheinend gemeinhin üblich. Und viele dieser jungen Leute – das weiß ich aus persönlichen Gesprächen – haben außerdem etwas gelernt, was noch viel wichtiger ist: auch massiver Kritik nicht konfliktscheu aus dem Weg zu gehen. Eine Fähigkeit, die für den Berufsalltag eines jeden Polizisten unverzichtbar ist.

Ich möchte mich mit dieser Widmung bei diesem Ausbilder bedanken.

Zum einen danke ich für die Erlaubnis, in diesem Buch einen Großteil seines Wissens an alle Menschen weitergeben zu dürfen, die er nicht ausgebildet hat. Aber vor allem danke ich ihm für alles, was er Generationen von Polizeischülern vermittelt hat, fachlich und menschlich. Gerade in diesen Zeiten brauchen wir kompetente Menschen wie ihn, die sich auch bei massivem Gegenwind nicht von ihrem Kurs abbringen lassen.

Ich hoffe, dass sich viele Polizeischüler an diesem Ausbilder ein Vorbild nehmen, und dass sie das, was sie von ihm gelernt haben, an die kommenden Generationen weitergeben.

Geleitwort (von Ralf Piekenbrock)

Liebe Leserinnen, liebe Leser,

neben meinem politischen Amt als Generalsekretär der Familien-Partei Deutschlands bin ich auch seit 34 Jahren Polizeibeamter in Nordrhein-Westfalen und trage den Dienstgrad Kriminalhauptkommissar. Zudem bin ich natürlich auch ein ganz normaler Bürger. Aus meiner beruflichen Erfahrung heraus, aber auch als Privatperson bin ich der Auffassung, dass das vorliegende Buch einen wichtigen Beitrag zu einer gesteigerten Sicherheit im Alltag leisten kann.

Insbesondere der Beitrag von Sven Kleuckling liefert aus meiner Sicht wichtige Impulse dafür, wie wir alle etwas für unsere eigene Sicherheit und für die Sicherheit unserer Mitbürger tun können. Wenn ich das so ausdrücke, verbinde ich damit meinen Respekt vor Fachwissen und angewandter Praxis. Sven Kleucklings Ausführungen spiegeln Erkenntnisse wider, die wohl für viele Polizeibeamte „alter Schule" eine Selbstverständlichkeit sind. Viele dieser wichtigen Erkenntnisse sind in den letzten Jahren aus den verschiedensten Gründen in der polizeilichen Ausbildung und Praxis aber verloren gegangen – bedauerlicherweise, wie ich finde. Der „Normalbürger" hingegen ist damals wie heute erst recht nicht damit vertraut, wie er sich am besten verhalten kann, wenn er in eine Angriffssituation gerät.

Dabei sind die Zeiten für alle unsicherer geworden. Die Gewaltbereitschaft untereinander und auch gegen Vollzugsbeamte und Rettungskräfte ist beängstigend gestiegen. Fast täglich liest man von ausufernder Gewalt, auch haben Übergriffe auf Mädchen und Frauen stark zugenommen. In die Kritik geraten in diesem Zusammenhang auch vermehrt Menschen, die eigentlich in unser Land gekommen sind, um Schutz zu suchen. Sie stammen zum Teil aus Regionen, in denen Gewalt zur Konfliktlösung an der Tagesordnung ist, und bringen daher vielfach selbst eine gewisse Gewaltbereitschaft mit. Aber auch andere gesellschaftliche Entwicklungen tragen zu einer Verrohung im täglichen Umgang bei, sei es nun die nachlassende soziale Kompetenz infolge eines maßlosen Medienkonsums, der zunehmend durch Stress geprägte Arbeitsalltag oder auch die steigende Zahl derjenigen, die nicht in der Lage sind, durch Arbeit ihren Lebensunterhalt zu bestreiten.

Zudem wurde die Polizei, die eigentlich unser aller Schutz gewährleisten soll, in den letzten Jahren systematisch „kaputtgespart". Das führt unter anderem dazu, dass in vielen Regionen unseres Landes die Wartezeiten auf die eintreffenden Beamten nach Tätigen des Notrufs immer länger werden. Gleichzeitig nimmt der Respekt vor den Einsatzkräften immer weiter ab. Nicht zuletzt wird es zunehmend schwerer, geeigneten Nachwuchs für die Polizei zu rekrutieren.

Leider sind aktuell auch keine weitreichenden Lösungsansätze für die erwähnten Themen zu erkennen. Zwar gibt es durchaus einzelne positive Anstrengungen, sei es nun im politischen Bereich oder in Form von privaten Initiativen. Aber tiefgreifende Veränderungen lassen sich damit von heute auf morgen nicht erzielen. Die Dokumentation wichtiger Erkenntnisse zu der Frage, was wir selber für unsere persönliche Sicherheit tun können, begrüße ich daher ausdrücklich.

Und genauso verstehe ich auch die Ausführungen in diesem Buch. Hier geht es um Hilfe zur Selbsthilfe – nicht darum, dass jeder zum Nahkämpfer oder selbsternannten Helden werden soll. In einer Gefahrensituation bleibt es das „A und O", als Erstes die Polizei zu rufen. Doch sehen wir der Realität ins Auge. Nicht immer reicht die Zeit für einen telefonischen Hilferuf. Auch kann zwischen Anruf und Eintreffen der Polizei Zeit vergehen – Zeit, in der Sie in Gefahr sind. Hier brauchen wir Plan B, damit jeder sein Leib und Leben möglichst gut selbst schützen kann.

Ich wünsche Ihnen allen, dass Sie niemals in eine solche Situation geraten, und dass Sie sich, falls es doch passiert, ausreichend schützen können. Mit der Lektüre dieses Buches haben Sie dafür den ersten Schritt gemacht.

Vorwort (von Gisela Kleuckling)

Das Thema Sicherheit geht uns alle an. Dies gilt umso mehr, seitdem immer mehr Menschen in Deutschland das Gefühl haben, nicht mehr in Sicherheit zu leben. Zwar zählt Deutschland den Statistiken zufolge zu den sichersten Ländern der Welt. Und in der Tat können wir dankbar sein, dass wir in aller Regel das Haus verlassen können, ohne um unser Leben bangen zu müssen. Auch gilt weiterhin die Faustregel: Die meisten Gewaltverbrechen geschehen im häuslichen Umfeld.

Doch gerade, weil es weniger wahrscheinlich ist, als völlig Unbeteiligter Opfer einer Gewalttat zu werden, verschließen viele vor dem Restrisiko die Augen. Das ist ein großer Fehler. Denn eines ist gewiss: Wer mit einer naiven und unbedarften Haltung durchs Leben geht, dessen Wahrscheinlichkeit erhöht sich, ins Visier von Gewalttätern zu geraten.

Auch wenn nicht hinter jeder Ecke ein Gewalttäter lauert – das Tages-geschehen zeigt, dass Deutschland eben doch nicht so sicher ist, wie uns manch ein Politiker weismachen will. Denn tagtäglich lesen und hören wir von Fällen, in denen Menschen auch in Deutschland durch teils brutale Gewaltakte zu Schaden kommen. Überfälle, Einbrüche, Mord und Totschlag hat es zwar schon immer gegeben. Doch die Ausmaße der Gewalt sind heutzutage andere. Kaum ein Tag vergeht, an dem in den Medien nicht über Angriffe auf zufällig ausgewählte Opfer berichtet wird. Und die Angriffe sind an Brutalität oft kaum zu überbieten:

- So werden in der Silvesternacht 2015/2016 in Köln zahlreiche Frauen zeitgleich Opfer von sexuellen Übergriffen.

- Im Oktober 2016 wird eine Frau in einem Berliner U-Bahnhof von einem Mann mit einem Tritt in den Rücken die Treppe hinunter-gestoßen; wie durch ein Wunder erleidet sie lediglich einen Armbruch und eine Platzwunde am Kopf.

- Im Januar 2018 wird ein Polizist in Regensburg bei einer Kontrolle durch einen Schlag auf den Hinterkopf unvermittelt zu Boden gebracht und durch mehrere Fußtritte gegen den Kopf schwer verletzt.

Die Beispiele zeigen: Praktisch jeder kann heutzutage fast überall zum Opfer von Gewalt werden – ob Mann oder Frau, ob alt oder jung, ob im Norden oder im Süden.

Selbst jene, die für die Abwehr von Angriffen ausgebildet sein sollten, wie unsere Polizeibeamten, sehen sich zusehends massiven Angriffen ausgesetzt. So zeigt das sogenannte Bundeslagebild „Gewalt gegen

Polizeivollzugsbeamte" des Bundeskriminalamts, dass im Jahr 2016 4.431 Polizeivollzugsbeamte eine gefährliche oder schwere Körperverletzung erlitten; eine vorsätzliche einfache Körperverletzung erlitten 16.705 Polizeivollzugsbeamte. Und die Tendenz ist steigend, denn in allen Fällen der Straftaten gegen Polizeivollzugsbeamte war im Jahr 2016 gegenüber dem Vorjahr eine Zunahme zu verzeichnen.

Deswegen komme ich zu dem Schluss: Das Thema Selbstschutz geht jeden an. Mit diesem Buch möchte ich daher allen Interessierten die Möglichkeit bieten, sich mit einigen wichtigen Fragen auseinanderzusetzen:

- Was bedeutet Selbstschutz überhaupt?
- Wie verteidige ich mich, wenn es sein muss?
- Wie ist die rechtliche Lage?

Ich habe auf ihren Gebieten ausgewiesene Experten gebeten, zu diesen Fragen Stellung zu nehmen, und zwar in möglichst verständlicher Weise. Denn da jeder einmal in die Situation geraten kann, einen Angreifer abwehren zu müssen, soll dieses Buch für ein breites Publikum verständlich sein.

Da es im Ernstfall darum gehen wird, über möglichst fundierte, praktische Kenntnisse zu verfügen, nimmt der Praxisteil in diesem Buch den größten Raum ein. Jedoch empfehle ich, sich auch gründlich mit den theoretischen und rechtlichen Hintergründen auseinanderzusetzen, damit Sie bestmöglich gerüstet sind.

Nun wünsche ich eine lehrreiche Lektüre und hoffe, dass Sie sich niemals körperlich verteidigen müssen. Für den Fall, dass es aber doch dazu kommt, wünsche ich Ihnen, dass Sie das in diesem Buch vorgestellte Sicherheitskonzept erfolgreich umsetzen können.

Warum dieses Buch für Sie wichtig ist (von Nick Hein)

Ich bin ehemaliger Bundespolizist und war über Jahre hinweg professioneller Kampfsportler in der Ultimate Fighting Championship (UFC). Hierbei handelt es sich um den weltweit größten Veranstalter der sogenannten Mixed Martial Arts (deutsch: gemischte Kampfkünste). Zudem bin ich Trainer für Polizeiseminare in ganz Deutschland.

Die Arbeit in Uniform habe ich geliebt und fühle mich immer noch als Polizist. Die weiterhin starke Identifikation mit dem Beruf spüre ich zum Beispiel, wenn ich mit ehemaligen Kollegen nach einem Einsatztraining-Seminar zusammensitze und sie mir erzählen, was sie tagtäglich auf der Straße erleben.

Im Jahr 2016 habe ich das Buch „Polizei am Limit" veröffentlicht. Mir ging es darum, Missstände innerhalb der Polizei offenzulegen, über die meine ehemaligen Kollegen sich in der Öffentlichkeit nicht äußern dürfen. Wer es doch macht, muss mit Sanktionen rechnen, vom Disziplinarverfahren zur Suspendierung bis hin zum Ausschluss aus dem Polizeidienst. Verständlicherweise möchte kein Dienstherr, dass interne Probleme nach außen getragen werden. Bei der Polizei kommt aber erschwerend hinzu, dass auch Kritik, die intern vorgetragen wird, meistens nicht auf offene Ohren stößt. Doch in jeder Organisation kommt es zu kleinen und großen Fehlern, das gilt auch für die Polizei. Der größte Fehler der Polizei ist es, Fehler zu ignorieren und totzuschweigen, auch die schwerwiegenden. Dies geschieht im vollen Bewusstsein darüber, dass einige Fehler weitreichende Konsequenzen haben, für die Bediensteten, für ihre Familien und für die gesamte Öffentlichkeit.

Hier in Deutschland leben wir in einem vergleichsweise sicheren Land, etwa im Vergleich zu Syrien. Aber ist Deutschland automatisch sicher, nur weil es andernorts schlimmer ist? Die Aussagekraft eines länderübergreifenden Vergleichs ist doch äußerst begrenzt. Denn ich pendle nicht dauerhaft zwischen verschiedenen Ländern, sondern halte mich zum größten Teil in Deutschland auf. Wenn ich aber die Tageszeitung lese, komme ich keineswegs zu dem Schluss, dass man sich hier sicher fühlen kann. Und mit dieser Meinung stehe ich nicht allein da. Trotzdem werden „Experten" nicht müde, das Gegenteil zu betonen; aufsehenerregende Gewalttaten werden zu vielzitierten „Einzelfällen".

Wie erklärt sich die Diskrepanz zwischen der weitverbreiteten Meinung, dass das Leben in Deutschland unsicher geworden ist, und der Expertenmeinung, die eine solche Entwicklung bestreitet? Dazu gibt es natürlich zahlreiche wissenschaftliche Ausführungen. Kriminalität lässt sich nun einmal nicht ohne Weiteres messen wie zum Beispiel die Temperatur. Erfassbar sind lediglich aufgedeckte Straftaten (das soge-nannte Hellfeld). Begangene, aber nicht aufgedeckte Straftaten sind naturgemäß von keiner Statistik erfasst. Der Vorsitzende des Bundes Deutscher Kriminalbeamter André Schulz vermutet, dass die Anzahl der begangenen Straftaten im Dunkelfeld um das fast 4-fache höher liegt als die Anzahl der Straftaten, die in der Kriminalstatistik aus dem Jahr 2017 aufgeführt ist.

Ist Deutschland also krimineller und vermeintlich gefährlicher als die offiziellen Zahlen hergeben? Mit absoluter Sicherheit kann ich das nicht wissen. Ich weiß aber, was ich selbst im Polizeidienst erlebt habe, und was mir meine Ex-Kollegen durchgängig berichten.

Desweiteren bin ich der Meinung: Wenn jemand einen Einblick darin hat, wie es tatsächlich um das Thema Sicherheit bestellt ist, dann dürften dies wohl Polizisten sein. Meine Einschätzung der Dinge ist jedenfalls: Die Lage ist nicht so rosig, wie ich es mir für meine Familie und für uns alle wünsche. Deswegen lebe ich getreu dem Motto: „Lieber ein Krieger im Garten, als ein Gärtner im Krieg."

(Sind Sie über den letzten Satz gestolpert? Wenn ja: Gut so. Denn sein Gegenüber aus dem Konzept zu bringen, ist ein wichtiger Baustein eines guten Sicherheitskonzepts. Und gerade merken Sie vielleicht, wie sich ein solcher Überraschungsmoment anfühlt.)

Ich bevorzuge also zu wissen, wie ich meine Lieben und mich im Ernstfall beschützen kann – auch, wenn der Ernstfall vielleicht und hoffentlich niemals eintritt – als im Chaos einer Gewalttat erkennen zu müssen, dass ich handlungsunfähig bin.

Mein Sicherheitsempfinden darf Ihnen, liebe Leserinnen und Leser, aber vollkommen egal sein – genauso wie das Sicherheitsempfinden sogenannter Experten, die der Meinung sind, die Sicherheit in Deutschland sei gewährleistet. Wichtig für Ihr Leben ist einzig und allein, was SIE denken und vor allem, was Sie tun oder beabsichtigen zu tun.

Wenn Sie nun vorhaben, sich in Sachen „persönliche Sicherheit" ein wenig weiterzubilden, möchte ich Sie gern darin bestärken. Selbst-verteidigung beginnt im Kopf – und Sie sind dabei, sich mit dem Thema auseinanderzusetzen, um in einer Gefahrensituation besser handeln zu können. Zugleich möchte ich Sie anspornen, es nicht beim Vorsatz zu belassen, sondern diesen auch in die Tat umzusetzen.

Seien Sie jedoch ruhig kritisch, welchem Selbstverteidigungs-Ansatz Sie folgen. Meiner Erfahrung nach sind viele Angebote mit äußerster Vorsicht zu genießen:

- Vorsicht zum Beispiel vor Trainern ohne ausreichende Fachkompetenz und Erfahrung; dort lernen Sie im Zweifel Dinge, die Ihnen im Ernstfall eher schaden als nutzen.

- Skepsis ist auch angebracht bei einseitig ausgerichteten Trainern, die sich zum Beispiel nur einer einzigen Kampfkunst-Richtung zugehörig fühlen. Ich habe schon Trainingsstunden gesehen, in denen einer normalen Hausfrau „beigebracht" wurde, mit bestimmten Kampfsport-Techniken einen Amokläufer um sein AK-47 zu erleichtern … (das ist ein Sturmgewehr, auch als Kalaschnikow bekannt). Eine solche falsche Sicherheit zu vermitteln, ist höchst gefährlich. Es kann Sie sogar Ihr Leben kosten.

Bleiben Sie solchen Kursen also lieber fern, wenn Ihnen daran gelegen ist, Dinge zu lernen, die für Sie tatsächlich umsetzbar sind. Vertrauen Sie sich stattdessen Personen an, die wissen, wovon sie reden. An dieser Stelle beglückwünsche ich Sie auch zur Lektüre dieses Buches. Denn die Ausführungen von Sven Kleuckling zur Selbstverteidigung sind den meisten Ratgebern auf dem Markt überlegen. Sie fragen sich jetzt vielleicht: Warum?

In meinen zahlreichen Wettkämpfen in Amerika, Brasilien, Japan und Russland, und auch bei Auseinandersetzungen auf der Straße, habe ich mich immer auf ein Prinzip verlassen: Simpel ist gut.

Wenn im Stress vor Angst das Herz rast, ist man nicht mehr in der Lage, komplexe Techniken anzuwenden. Das gilt für körperliche Auseinandersetzungen im Sport genauso wie auf der Straße. Hier wie dort heißt es daher: Schnell entscheiden, direkt angreifen, hart ausführen und dann zurückziehen. Kurz gesagt: „Schnell, direkt, hart und raus."

Sven Kleuckling weiß, worauf es im Ernstfall ankommt. Er ist fachlich versiert, inhaltlich breit aufgestellt und verfügt über unschätzbar wertvolle Erfahrung im Bereich des Selbstschutzes. Vielleicht besuchen Sie auch einmal ein Training bei ihm. Sollte dies nicht möglich sein, suchen Sie nach einem vergleichbar kompetenten Trainer. Ich sage Ihnen aber gleich: Einen solchen Trainer zu finden, wird nicht leicht sein.

Dieses Urteil erlaube ich mir, weil ich Sven Kleuckling persönlich kenne. Er ist das, was wir bei der Polizei als „Frontsau" bezeichnen (Sie sehen: Auch bei der Polizei gibt es mehr oder weniger schöne Spitznamen für die unterschiedlichen Hierarchie- und Fachebenen). Er hat die „volle Breitseite" des Polizeidienstes erlebt und weiß, was Gewalt und deren effektive Eindämmung bedeutet und einem abverlangt. Als Schießausbilder, Zweikampf- und Taktikausbilder des Mobilen Einsatzkommandos Sachsen-Anhalt und als Beamter in der Zivilfahndung verfügt er über weitaus mehr Erfahrungen und Wissen zum Thema Selbstverteidigung, als in mehrere Bücher passen würden. Er selber stand bereits mehrfach „im Feuer", das heißt, er hat schon viele Gefahrensituationen am eigenen Leib erlebt. Seine Referenzen sind aus erster Hand, nicht vergleichbar mit Trainern, deren Referenzen sich auf Kampfkunst-Zertifikate beschränken.

Die Vorgehensweise von Sven Kleuckling empfehle ich Ihnen vorbehaltlos. Sie ist der Garant dafür, dass er nach jedem Dienst heil nach Hause zu seiner Familie kommt, eine Art Lebensversicherung für den Polizeidienst. Das ist etwas ganz anderes als irgendwelche zusammengewürfelten Inhalte in einem x-beliebigen Kurs zum Thema.

Wer Sven Kleuckling kennt, weiß, dass er nicht davor zurückscheut, unpopuläre Dinge zu thematisieren. Dazu gehört auch der Umgang mit dem Thema Pfefferspray. Die meisten Selbstverteidigungs-Trainer raten strikt von solchen Sprays ab. Es ist ja auch geschäftsschädigend, zuzugeben, dass eine einfache Dose Pfefferspray – richtig angewendet – manchmal viel effektiver sein kann als eine mühsam angeeignete Selbstverteidigungs-Technik. Jeder Polizist weiß aber, dass die Effektivität des Pfeffersprays unbestritten ist. Aus diesem Grund werden Sie in diesem Buch auch Ausführungen zum Thema Pfefferspray lesen, die Sie mit Sicherheit woanders noch nicht gelesen oder gehört haben.

Kurzum, Sie haben hier ein Buch mit wertvollem Inhalt und ganz ohne „Bullshit". Vielleicht ist es nicht so bunt oder aufwändig produziert wie andere Bücher auf dem Markt. Dafür müssen Sie sich auch nicht durch eine Lektüre ackern, die zwar toll aussieht, aber den Wert einer leeren Rolle Klo-Papier hat.

Falls der ein oder andere sich an meinen Worten stört, tut mir dies leid. Für ihn. Ich sage gern, was Sache ist. Das, unter anderem, verbindet Sven Kleuckling und mich.

Nun wünsche ich Ihnen viel Spaß beim Lesen und hoffe, dass Sie Ihre neu gewonnenen Erkenntnisse nie anwenden müssen. Aber seien Sie sicher, sollten Sie es doch müssen, ist die Chance, dass Ihr Angreifer einen verdammt miesen Tag hat, ziemlich groß.

Selbstschutz: Gewusst wie!
(von Sven Kleuckling)

Veröffentlichungen zum Selbstschutz gibt es wie Sand am Meer. Warum dann mit diesem Buch eine weitere Veröffentlichung hinzufügen?

Schon seit dem Jahr 1989 befasse ich mich intensiv mit den Themen Kampfsport, Zweikampf und Selbstverteidigung. In meinem Beruf als Polizist in einer Spezialeinheit, durch jahrelange Erfahrung als Polizeitrainer mit den Schwerpunkten Zweikampf, Taktik und Schießen sowie in unzähligen Einsätzen habe ich viele wertvolle Erfahrungen gesammelt. Gleichzeitig treiben mich als Kampfsportler wie auch als Polizist bestimmte Fragen um ... Wie lässt sich die persönliche Sicherheit am besten gewährleisten? Kann man einen Angriff frühzeitig erkennen? Und wie verhält man sich „im Fall der Fälle" am besten?

Die Liste der Bücher, die ich zu diesem Thema gelesen habe, ist endlos lang – von theoretischen Abhandlungen bis hin zu praxisorientierten Handbüchern. Bei der Lektüre ist mir jedoch negativ aufgefallen, dass bestimmte Irrtümer immer wieder als Wahrheit verkauft werden.

Die 5 größten Irrtümer über Selbstschutz und Selbstverteidigung

Irrtum 1:
Nur wer fit ist, kann sich erfolgreich schützen
Viele glauben, dass man körperlich fit sein muss, um sich selbst schützen zu können. Natürlich ist eine gewisse Fitness von Vorteil, wenn man sich erfolgreich wehren will; sie ist dafür aber weder eine Garantie noch eine Voraussetzung.

Irrtum 2:
Selbstschutz bedeutet Gegenangriff
Die meisten Ausführungen zum Thema sind einseitig – rein auf die Verteidigung ausgerichtet. Es wird hierbei unterschlagen, dass sich manche Angriffe noch abwenden lassen, wenn sie rechtzeitig erkannt werden. Einen Angriff ins Leere laufen zu lassen, ist die beste Form der Selbstverteidigung!

Irrtum 3:
Selbstverteidigung besteht aus komplizierten Techniken

Viele „praktische Handlungsanweisungen" sind alles andere als praktisch. Es sind vielmehr realitätsfremde Abwehr-Strategien, denn sie basieren auf komplexen Bewegungsmustern. Für Unge-übte ist es jedoch meistens unmöglich, solche Muster in einer akuten Gefahrensituation zuverlässig abzurufen. Deswegen sind komplizierte Techniken für den alltäglichen Selbstschutz unnütz.

Irrtum 4:
Je mehr Techniken man kennt, desto besser
Zahlreiche Ratgeber setzen auf eine Vielfalt an Techniken – frei nach dem Motto: „Viel hilft viel." Je nach Situation soll die betroffe-ne Person dann die passende Technik anwenden. Hierbei wird ver-gessen, dass sich eine Angriffssituation meist in Bruchteilen von Sekunden abspielt. Für langatmige Entscheidungsprozesse ist da keine Zeit. Ein zu breit gefächertes Spektrum unterschiedlicher Techniken ist deswegen für den Selbstschutz eher hinderlich.

Irrtum 5:
Das Training in der Turnhalle bereitet auf die Realität vor
Die meisten Anleitungen zur Selbstverteidigung finden in einem geschützten Rahmen statt. Dazu zählt zum Beispiel das Training auf Matten, barfuß oder in Strümpfen, sowie vermeintliche An-greifer, die auf abwehrendes Verhalten nur mit einer schwachen Gegenwehr reagieren. Das aber ist selbstverständlich völlig praxis-fremd! Natürlich möchte niemand nach dem Training mit blauen Augen oder einer blutigen, wenn nicht gar gebrochenen Nase nach Hause gehen oder von einem Rettungswagen abgeholt werden müssen. Jedoch sollte man sich, wenn man in solch einem Umfeld trainiert, nicht in falscher Sicherheit wiegen. Ein derartiges Training ist zwar besser als nichts, aber trotzdem nur eine „Trockenübung".

Wer diesen Irrtümern Glauben schenkt, steht sich in Sachen Selbst-schutz selbst im Weg. Deswegen habe ich mich dazu entschlossen, diesen Irrtümern etwas entgegen zu setzen: Ein Konzept zum Selbst-schutz für jedermann.

Und noch etwas ist mir wichtig: Anders als viele andere „Profis" mache ich keine leeren Versprechungen. Kein Handbuch und kein „Crash-Kurs" der Welt wird dazu führen, dass man von heute auf morgen jeden

Angriff erfolgreich abwehren kann. Denn zunächst heißt es: lernen, trainieren, lernen, trainieren … – wie bei allen Fertigkeiten, die man beherrschen möchte. Das bedeutet im Klartext: Einmal in meinem Beitrag zu blättern (womöglich auch noch beim Fernsehen oder mit dem Smartphone in der Hand) bewirkt nicht, dass man zukünftig gegen jeden Angriff gewappnet ist. Stattdessen rate ich Dir:

- Lies Dir meinen Beitrag durch, wenn Du Zeit und Ruhe dafür hast.

- Lies zunächst ein Kapitel nach dem anderen. Denn die Kapitel sind so angeordnet, dass sie Schritt für Schritt in die Themen Selbstschutz und Selbstverteidigung einführen.

- Wenn Dir etwas nicht klar ist, mach Dir eine Notiz dazu. Nur wenn es letztlich keine offenen Punkte mehr gibt, bist Du wirklich in der Lage, das Schutzkonzept konsequent umzusetzen.

Bleiben nach der Lektüre noch Fragen offen, schreibe mir eine E-Mail an info@sicherheit-am-limit.de. Die wichtigsten Fragen und Antworten werde ich bei einer späteren Neuauflage berücksichtigen.

Lass das Gelesene schließlich erst einmal „sacken" und versuche, es im Alltag umzusetzen. Nach 2 oder 3 Wochen solltest Du das Buch wieder in die Hand nehmen und es nochmals lesen. Der eine oder andere mag dies für überflüssig halten. Meine Erfahrung ist: Bei jeder erneuten Lektüre werden Dir andere Dinge auffallen. Am besten, Du machst Dir auch dazu Notizen! Du wirst sehen: Mit der Zeit wird es für Dich selbstverständlich, im Alltag auf Deine Sicherheit zu achten – genauso wie für all diejenigen, die sich beruflich mit dem Thema Sicherheit befassen.

Das 3-Säulen-Konzept zum Selbstschutz

Mein Konzept zum Selbstschutz ist schnell erlernbar und umsetzbar, weitgehend unabhängig von den persönlichen Voraussetzungen.

Selbstschutz ist mehr als die Beherrschung von ein paar Handgriffen. Deswegen beruht das von mir entwickelte Konzept auf den folgenden 3 Säulen:

1. Aufmerksames Beobachten der Umgebung (Schutzradar)

2. Konfliktvermeidung bis hin zur Flucht

3. Verteidigung mit einfachen Mitteln

Die Einzelheiten meines 3-Säulen-Schutzkonzepts werde ich auf den folgenden Seiten ausführen und mit Fotos veranschaulichen. Zudem sind ergänzende Videos für meinen YouTube-Kanal in Planung, denn manches lässt sich in einem Video besser erklären als in einem Buch.

Bevor Du nun mit der Lektüre beginnst, habe ich noch ein paar Tipps für Dich, wie Du Dein Wissen rund um die Selbstverteidigung am besten ausbauen kannst. Ich hoffe, dass Du Dir diese Tipps zu Herzen nimmst, denn dann wird Dein Lern-Erfolg am größten sein.

Tipps für Deinen Lern-Erfolg

- *Wichtiges verinnerlichen*
  Notiere Dir die wichtigsten Inhalte Deiner Lektüre in Stichpunkten auf Karteikarten oder Klebezetteln und befestige diese dort, wo Du sie häufig sehen wirst (zum Beispiel an einem Spiegel, an einer Pinnwand oder an der Tür Deines Kühlschranks). Dies wird Dir dabei helfen, die wichtigsten Inhalte zu verinnerlichen. Denn nur dann werden sie im Notfall automatisch „abgespult". Und das ist von zentraler Bedeutung. In einer Notsituation wirst Du nämlich nicht in diesem Buch blättern oder Deine Notizen lesen können.

- *Techniken ausprobieren*
  Probiere die hier vorgestellten Techniken mit einer Person Deines Vertrauens aus. Am besten wäre natürlich ein Trainings-Partner, der keine Angst davor hat, dass Du ihm vielleicht weh tust. Denn das Ausprobieren bringt nur etwas, wenn man mit dem gebotenen Ernst und vollkonzentriert vorgeht. Glaub mir: Ein halbherziges Üben in lockerer Runde bei einem Bier oder Prosecco mag lustig sein, wird aber im Fall der Fälle rein gar nichts nützen. Denn der Ernstfall – wenn er denn eintritt – wird definitiv nicht spaßig.

- *Kurse besuchen*
  Ergänzend empfehle ich, einen gut konzipierten und professionell durchgeführten Selbstverteidigungskurs zu besuchen. Der Besuch einer Kampfkunstschule ist ebenfalls nicht verkehrt. Denn auch wenn es in meinem Beitrag nicht um Kampfkunst geht, stammen einige der hier vorgestellten Techniken ursprünglich aus dem Kampfsport. In einem solchem Umfeld lassen sich körperlichen Fertigkeiten trainieren und einzelne Abläufe so lange einüben, bis sie komplett verinnerlicht sind.

Wenn Dich einzelne Themen besonders interessieren, dann setz Dich intensiv damit auseinander. Zum Beispiel kann man Kurse besuchen, die sich allein mit dem Thema „Verhalten bei Amok" beschäftigen.

Stichwort: „Schutz"

Als Schutz wird eine Aktion oder eine Vorkehrung gegen eine Bedrohung, gegen eine Unsicherheit oder mögliche unangenehme Ereignisse bezeichnet. Wenn man die Tierwelt beobachtet, wird sehr schnell deutlich, was es heißt zu schützen:

Bei einem Spaziergang mit meinem Hund führte unser Weg an einem See vorbei. Dort hat eine Schwanenmutter Nachwuchs bekommen. Der Schwanenvater war gerade etwa 300 Meter von seiner Familie entfernt. Als wir uns näherten, bemerkte er das sofort. Er startete einen unglaublichen Flug und landete kurz vor uns. Seine bedrohliche Haltung mit offenen Flügeln sollte uns zu verstehen geben: „Entfernt Euch und haltet Abstand, ich beschütze meine Familie". Allein durch seine Körpersprache machte er unmissverständlich deutlich, dass mit ihm nicht zu spaßen ist. Diese Begegnung hat mich sehr beeindruckt, deswegen habe ich den Schwan als Symbol für mein Schutzkonzept gewählt.

Jedes Lebewesen ist mit Instinkten ausgestattet, dazu gehört auch der Schutzinstinkt. Der Instinkt allein reicht jedoch nicht immer aus, um im Ernstfall richtig zu reagieren. Gewisse Kenntnisse erhöhen die Wahrscheinlichkeit, mit Gefahrensituationen richtig umzugehen.

Abschließend ein kleiner Exkurs für die Politiker und für die Polizisten unter den Lesern:

Die Politiker fordere ich auf, sich dafür einzusetzen, dass Polizisten unter bestimmten Voraussetzungen ihre Dienstwaffen und Einsatzmittel auch außerdienstlich mitführen dürfen. Aktuell gibt es in Deutschland etwa 270.000 Polizisten sowie etwa 40.000 Bundespolizisten. Wenn sie alle, sofern sie dies wünschen, auch in ihrer Freizeit ihre Dienstwaffen bzw. ihre Einsatzmittel mitführen dürften, könnten sie in unzähligen Situationen viel wirksamer eingreifen, als dies derzeit der Fall ist. Ich bin fest davon überzeugt, dass diese Maßnahme die Sicherheit in Deutschland sowohl subjektiv als auch objektiv erhöhen würde.

Den Polizisten unter Euch möchte ich ans Herz legen: Wenn Ihr zivil unterwegs seid, führt bitte immer etwas mit, mit dem Ihr Euch im Fall eines Falles eindeutig als Polizist zu erkennen geben könnt. Die Erfahrung zeigt, dass der ein oder andere dies leider versäumt.

Dann drohen folgende Gefahren:

- Die Personen, denen Ihr zu Hilfe kommen wollt, könnten Euch irrtümlicherweise für genauso bedrohlich halten wie den Täter, und Euch ihrerseits angreifen.

- Andere Polizisten könnten Euch für den Täter halten, mit entsprechenden Folgen bis hin zur Abgabe von Schüssen gegen Euch.

Mir ist übrigens durchaus bewusst, dass in diesem Buch Themen angeschnitten werden, bei denen man unterschiedlicher Meinung sein kann. Aufgrund persönlicher und beruflicher Erfahrungen weiß ich jedoch, dass sich zu viele Menschen vollkommen sorglos in Gefahrensituationen begeben, aus denen sie mangels entsprechender Kenntnisse dann nicht mehr herauskommen. Auch „Zufallsopfern" könnte es manchmal gelingen, sich zu schützen, wenn sie wüssten, wie. Ebenso wäre es den meisten von uns möglich, in bestimmten Gefahrensituationen einzugreifen, vorausgesetzt, man weiß in etwa, was man zu tun hat. All das sind Gründe, warum ich mich zu diesen Ausführungen entschlossen habe – wohlwissend, dass der eine oder andere damit ein Problem haben wird.

Die erste Säule: Der Schutzradar

Jeder kennt sicher den Spruch: „Wer sich in Gefahr begibt, kommt darin um". Daher besteht die wichtigste Maßnahme, um sich zu schützen, darin, eventuelle Gefahren frühzeitig zu erkennen und ihnen, wenn möglich, rechtzeitig auszuweichen.

Diese Fertigkeit – ich nenne sie Schutzradar – ist heutzutage leider bei vielen Menschen nicht gut ausgebildet. Die meisten sind stets in Eile, die Gedanken geprägt von dem, was noch zu erledigen ist. Andere versuchen bewusst, die Außenwelt „abzuschalten", und bewegen sich draußen nur mit Kopfhörer. Das Jugendwort des Jahres 2015 war nicht ohne Grund „Smombie", eine Zusammensetzung aus den Wörtern „Smartphone" und „Zombie". Damit sind Menschen gemeint, die nur noch auf ihr Smartphone blicken und ihre Umgebung kaum mehr wahrnehmen. Auch wenn das Wort „Smombie" im Alltag selten verwendet wird – die Straßen sind voll von Smombies.

Wer aber ohne auf seine Umwelt zu achten einfach durch die Gegend läuft, braucht sich überhaupt nicht zu wundern, wenn er plötzlich zum Ziel eines Angriffs wird. Denn die meisten Angreifer wissen ganz genau, mit wem sie ein „leichtes Spiel" haben werden und bei wem mit Gegenwehr zu rechnen ist. Und sie wissen vor allem auch eines: dass ein überraschender Angriff wahrscheinlich zum Erfolg führt.

Und warum sind überraschende Angriffe in der Regel erfolgreich? Weil jemand, der überrumpelt wird, oft lethargisch reagiert und dann weitgehend handlungsunfähig ist. Diese unglückliche Verkettung führt automatisch in die Opferrolle. Wer die Opferrolle dann nicht verlassen kann, hat schon verloren.

Angreifern sind diese Zusammenhänge in der Regel vollkommen vertraut. Sie sind meist sehr erfahren in körperlichen Auseinandersetzungen und verfügen nicht selten über perfektionierte Angriffsstrategien. Für diesen Personenkreis sind „blauäugige" Zeitgenossen die idealen Opfer, denn sie versprechen maximalen Erfolg bei minimalem Einsatz.

Darum ist es so überaus wichtig, den Schutzradar zu aktivieren und zu schulen – natürlich, ohne dem Verfolgungswahn zu verfallen! Denn man schwebt ja nicht ständig in der Gefahr eines Angriffs. Doch gibt es manchmal diesen einen Tag, der alles entscheidet … Tausende Menschen können ein Lied davon singen. Leider! Für diesen Fall solltest Du gerüstet sein. Durch meine langjährige Erfahrung und insbesondere durch die Erlebnisse in meinem Beruf ist mein Schutzradar bestens geschult. Und dieses Wissen möchte ich gerne weitergeben.

Wie gut ist Dein Schutzradar?

Ist Dein Schutzradar schon gut ausgeprägt oder eher weniger? Das kannst Du ganz leicht beurteilen, wenn Du Dein Verhalten einmal damit vergleichst, wie ich mich erfahrungsbedingt in bestimmten Situationen verhalte. Das alles läuft bei mir quasi automatisch ab, und niemand bemerkt es.

Im Einkaufszentrum

Wenn ich ein Einkaufszentrum betrete, verschaffe ich mir zuerst einen groben Überblick über die Zahl und Lage der Ein- und Ausgänge, über die Lage und Funktionsweise der Notausgänge sowie über die anderen Besucher. Insbesondere achte ich darauf, ob kleinere oder auch große Gruppen anwesend sind.

Im Restaurant

Ich wähle einen Tisch, an dem ich mit dem Rücken zur Wand sitze und zugleich den Ausgang sehen kann. Ist ein solcher Tisch nicht verfügbar, entscheide ich mich für den Tisch, der mir den bestmöglichen Überblick bietet. Zudem achte ich auf die Lage und Funktionsweise der Notausgänge. Auch die anderen Gäste behalte ich im Auge. Falls ich das WC aufsuche, achte ich darauf, ob Fenster vorhanden sind und man diese ggf. für eine Flucht nutzen könnte.

Im Parkhaus

Auch im Parkhaus verschaffe ich mir zuerst einen groben Überblick über Ein- und Ausgänge. Des Weiteren halte ich Ausschau nach Notrufmöglichkeiten und Feuermeldern. Wichtig ist es mir auch, einen Parkplatz zu finden, der sich nicht unbedingt in der hintersten Ecke befindet. Und ich beobachte die gesamte Zeit, was um mich herum geschieht.

Kleiner Selbst-Test

Verhälst Du Dich in den beschriebenen Situationen ähnlich wie ich? Falls Du diese Frage bejahen kannst, hast Du bereits einen guten Schutzradar.

Falls Du die Frage aber verneinen musst, habe ich trotzdem eine gute Nachricht für Dich: Auch Du hast einen Schutzradar, den Du manchmal nutzt.

Wer beispielsweise im Dunkeln versucht, von A nach B zu kommen, macht dies meist langsam und setzt die Hände ein, um nicht gegen eine Wand oder gegen ein Möbelstück zu laufen. Durch angepasste Bewegungen und durch den Einsatz des Tastsinns werden also Gefahren gemieden. Und das, ohne lange darüber nachzudenken.

Dieses automatisierte Verhalten ist ausbaufähig. Mein Ziel ist es, Dich dabei zu unterstützen, Deinen integrierten Schutzradar so zu trainieren, dass er Dir jederzeit gute Dienste leisten kann.

Der Schutzradar sollte sich übrigens nicht nur auf das beschränken, was sich direkt vor Dir abspielt. Sei Dir – wann immer möglich – auch darüber bewusst, was sich hinter Dir abspielt. Das sollte so selbstverständlich sein wie der gelegentliche Blick in den Rückspiegel beim Autofahren. Einen Rückspiegel hat man natürlich außerhalb des Autos nicht dabei … Und genau deswegen sollte man sich ruhig ab und zu einmal umdrehen!

Ab heute solltest Du Deinen Schutzradar täglich trainieren. Fast jede Situation ist dafür geeignet! Wenn Du morgens das Haus verlässt … Wenn Du mit dem Bus fährst … Wenn Du an der Ampel stehst (im Auto oder als Fußgänger) … Wenn Du einkaufen gehst … Wenn Du ein Konzert besuchst …

So trainierst Du Deinen Schutzradar

Sieh Dich in Ruhe um und frage Dich …

	Wo sind die Ein- und Ausgänge?
… was befindet sich wo?	Wo sind die Fenster? Kann man sie öffnen? Wenn ja, wie?
	Gibt es Notausgänge / Notrufmelder? Wie funktionieren sie?
	Was befindet sich hinter Dir?
… welche Personen halten sich in der Nähe auf und wie verhalten sie sich?	Ist kaum jemand unterwegs oder bist Du inmitten einer Menschenmasse?
	Verhalten sich andere Personen auffällig, sind sie etwa laut, aggressiv, alkoholisiert oder wirken verwirrt?
	Schaut Dich jemand immer wieder mal oder aber ununterbrochen an?
… was könntest Du, falls nötig, für Deine Sicherheit tun?	Was wäre der beste Fluchtweg?
	Hinter welchen Gegenständen könntest Du Schutz suchen?
	Welche Gegenstände könntest Du zur Verteidigung nutzen?
	Wie könntest Du Hilfe holen?

Wenn Du Deinen Schutzradar so oft wie möglich trainierst, wird er irgendwann zur Gewohnheit. Und das sollte das Ziel sein: Zukünftig verschaffst Du Dir automatisch stets einen Überblick und behälst alles im Auge, auch und gerade im Alltag. So steigen Deine Chancen, nicht überrumpelt zu werden. Denn die meisten Angriffe scheinen aus dem „Nichts" zu kommen und treffen ihre Opfer vollkommen unerwartet.

Die Angst – Dein Freund und Helfer

Manch einer hat vielleicht Angst davor, seinen Schutzradar im Alltag zu aktivieren, getreu dem altbekannten Motto: „Was ich nicht weiß, macht mich nicht heiß." Ich rate Dir: Blicke Deiner Angst lieber ins Auge. Angst kann nämlich sehr hilfreich sein, um uns selbst und andere zu schützen.

Daher sollte man sich seiner Ängste bewusst sein und ein Gespür dafür entwickeln, was einem Angst bereitet und wie sich Angst anfühlt.

Stichwort „Angst"

Das Grundgefühl der Angst äußert sich in Situationen, die als bedrohlich empfunden werden. Hierbei hat die Angst eine Schutzfunktion, denn sie löst den Impuls aus, Schutzmaßnahmen zu ergreifen, also zum Beispiel zu fliehen. Deshalb gilt: „Keine Angst vor der Angst!" Ohne sie würde uns ein wichtiges Instrument fehlen, um auf uns selbst und auf andere acht zu geben.

Doch nur das richtige Maß an Angst ist hilfreich. Zu viel Angst kann lähmen. Zu wenig Angst kann dazu führen, dass man reale Gefahren ignoriert. Es ist daher wichtig, sich beizeiten mit seinen Ängsten zu befassen. Eine punktuelle fachkundige Begleitung kann dabei sehr hilfreich sein, zum Beispiel durch einen Psychologen.

Von dem Grundgefühl der Angst zu unterscheiden ist die krankhaft übersteigerte Angst.

Das Grundgefühl der Angst tritt ausschließlich in Gefahrensituationen auf. Die krankhaft übersteigerte Angst hingegen ist ein ständiger Begleiter und kann zu schwerwiegenden Beeinträchtigungen im Alltag führen. Man spricht dann von einer sogenannten Angststörung. Beispiele hierfür sind Angst vor Menschenmengen, Angst vor Spinnen oder ständige Angst, krank zu werden. Derartige Ängste bedürfen einer professionellen Therapie.

Angst führt zu körperlichen Symptomen, die es ermöglichen sollen, sich auf die Flucht oder den Kampf vorzubereiten. Im Englischen heißt das sehr eingängig: „Fight or Flight". Hier einige Symptome, die bei Angst typischerweise auftreten, unabhängig davon, ob die Angst „normal" oder krankhaft ist:

- Verstärkte Wahrnehmung von Eindrücken und Geräuschen

- Erhöhung von Muskelanspannung, Reaktionsgeschwindigkeit, Herzfrequenz, Blutdruck

- Flachere, schnellere Atmung bis hin zur Atemnot

- Schwitzen, Zittern, Schwindel

- Übelkeit bis hin zum Erbrechen

Solltest Du demnächst in eine Situation geraten, die Dir Angst bereitet, dann achte einmal auf die Reaktionen Deines Körpers. Dies ist ein wichtiger Schritt auf dem Weg des effektiven Selbstschutzes. Denn Angst ist ein starkes Gefühl, das sich nur bedingt kontrollieren lässt. Umso wichtiger ist es zu wissen, welche psychologischen und körperlichen Reaktionen Angst bei Dir auslöst. Dann wirst Du in einer Notsituation nicht von Deiner Angst überrumpelt, sondern bist vorbereitet und somit auch leistungsfähiger. Dies kann Dir den entscheidenden Vorteil verschaffen, wenn es darauf ankommt.

Die zweite Säule: Dem Konflikt aus dem Weg gehen

Wenn man angestarrt oder „blöd angemacht" wird, reagiert man meist mit Unwohlsein oder Angst. Zu Recht, denn provokante Verhaltensweisen können durchaus dazu dienen, ein mögliches Opfer auszumachen. Es handelt sich um eine Art „Vorkampf-Phase". Für Dich bedeutet diese Phase: Alarmstufe Rot. In dieser Situation rasen natürlich die Gedanken, und die Gefühle spielen verrückt. Deswegen lohnt es sich, sich, schon bevor man in eine solche Situation gerät, möglichst bildhaft vorzustellen, was geschehen kann und welche Handlungsspielräume man hat. So ist man für den „Fall der Fälle" viel besser vorbereitet.

Nehmen wir also an, Du wartest spätabends an der Haltestelle auf den Bus. Statt auf Dein Smartphone zu starren, bist du wachsam und behälst Deine Umgebung im Blick. Daher fällt Dir auch auf, dass der Typ neben Dir, der auch auf den Bus zu warten scheint, sich irgendwie komisch verhält. Er starrt Dich nämlich die ganze Zeit an. Eventuell hat er Dir auch schon ein paar Sprüche „reingedrückt".

Stichwort „Vorkampf-Phase"

Manchen Angriffen geht ein Kräftemessen voraus – entweder auf visueller Ebene (mit Blicken) und/oder auf verbaler Ebene (mit Worten). Man spricht hier von der „Vorkampf-Phase". Diese hat etwas Positives: Man kann sich auf einen möglichen Angriff vorbereiten. Bei einem unerwarteten Angriff hingegen profitiert der Angreifer vom Überraschungseffekt und kann sich oftmals durchsetzen, auch wenn er körperlich eigentlich unterlegen ist.

Dein Schutzradar signalisiert Dir, dass diese Situation eventuell bedenklich sein könnte … Du hast jetzt 2 Möglichkeiten: Die Situation verlassen oder in der Situation bleiben.

- *Möglichkeit 1: Die Situation verlassen*
Am einfachsten entkommst Du einem Angriff, indem Du weggehst oder wegläufst. Der ein oder andere mag denken: „Ist das nicht total übertrieben?" Die Antwortet lautet: Vielleicht, vielleicht aber auch nicht. Man weiß ja nicht, wie der andere tickt: Provoziert er nur? Oder wird er angreifen? Bei einem Angriff kannst Du verletzt oder getötet werden. Diesem Risiko solltest Du, wann immer möglich, ausweichen! Allerdings muss Deine Flucht-Chance realistisch sein. Vielleicht steckst Du gerade in einem Aufzug fest. Oder Du kannst Dich aus gesundheitlichen Gründen kaum fortbewegen. Bei einem aussichtslosen Fluchtversuch vergeudest Du Deine Kraft.

Deine Chance kannst Du abschätzen, indem Du die gesamte Situation blitzschnell erfasst und bewertest. Dies gelingt mit einer Technik, die ich den Umgebungs-Scan nennen. Der Umgebungs-Scan funktioniert wie der Schutzradar, läuft aber in Bruchteilen von Sekunden ab. Während Du also beim Schutzradar die Lage ausgiebig unter die Lupe nimmst, versuchst Du beim Umgebungs-Scan, in kürzester Zeit alle wichtigen Aspekte zu erfassen.

So funktioniert der Umgebungs-Scan

Sieh Dich blitzschnell um und frage Dich …

… wie viele (mögliche) Angreifer sind es?	Einem Angreifer kann man leichter entkommen als mehreren.
… wie gut bist Du zu Fuß?	Für eine Flucht ist es von Vorteil, wenn man sich über längere Strecken hinweg zügig bewegen kann.
… wo sind die nächsten Fluchtmöglichkeiten?	In einer bekannten Umgebung kann man besser fliehen als in einer unbekannten Umgebung. In einer bebauten Umgebung findest Du eher Zuflucht als auf einem freien Feld.
… sind mögliche Helfer in der Nähe? Wenn nein, wie weit sind mögliche Helfer entfernt?	Je größer die Wahrscheinlichkeit, dass andere Personen in der Nähe sind, desto größer die Chancen einer erfolgreichen Flucht.

Den Umgebungs-Scan kannst Du jederzeit trainieren. Und das solltest Du auch möglichst häufig tun. So prägst Du Dir die relevanten Aspekte allmählich ein. Stell Dir hierzu in allen möglichen Situationen vor, dass Du es gerade mit einem Angreifer zu tun hast ... Und dann lässt Du den Umgebungs-Scan ablaufen.

Wichtig ist auch noch: Die Flucht ist eine Möglichkeit des Selbstschutzes, die sich nicht nur zu Beginn einer Auseinandersetzung bietet. Auch wenn Du bereits angegriffen worden bist, solltest Du stets die nächstmögliche Chance zur Flucht nutzen.

Stichwort „Flucht"

Die Flucht ist eine natürliche Reaktion mit dem Ziel, sich selber zu schützen. Manchmal muss man schwierigen Situationen zwar standhalten können. Für potenzielle Angriffssituationen gilt das jedoch nicht. Hier ist das oberste Gebot, sich schnellstmöglich in Sicherheit zu bringen. Deshalb ist die Flucht ein wichtiger Bestandteil eines guten Schutzkonzepts und kein Zeichen von Schwäche. Sicherheit geht vor!

* *Möglichkeit 2: In der Situation bleiben*
  Manchmal entscheidet man sich gegen eine Flucht. Vielleicht empfindest Du die Situation nicht als so bedrohlich, dass eine Flucht erforderlich erscheint. Oder der Umgebungs-Scan hat ergeben, dass eine Flucht nicht erfolgreich wäre. Dein Gegenüber aber ist weiter „auf Krawall gebürstet" ... Und jetzt? Auch wenn Du in der Situation bleibst, hast Du mehrere Möglichkeiten zu reagieren. Das ist die gute Nachricht.

Die schlechte Nachricht ist: Egal, was Du jetzt tust, es kann richtig oder falsch sein. Denn es ist nicht vorhersehbar, wie ein aggressives Gegenüber auf Deine jeweilige Reaktion reagieren wird. Deswegen wäre es vollkommen unseriös, für eine derartige Situation allgemeingültige Verhaltenstipps mit Erfolgsgarantie zu geben. Allerdings kann ich meine Erfahrungen im Umgang mit solchen Situationen teilen.

Grundsätzlich empfehle ich Dir, in der Vorkampf-Phase den versetzten Schutzstand einzunehmen (siehe Abschnitt „Der Schutzstand", ab Seite 38). Aus dieser Haltung heraus kannst Du schnell reagieren, egal, wie sich die Situation entwickelt.

Mögliche Szenarien und wie Du reagieren kannst

Provokanter Blickkontakt

Wenn Du einen provokanten Blick ignorierst, fühlt sich der potenzielle Angreifer vielleicht erst recht provoziert. Oder er sucht sich jemanden, der seine Provokation erwidert.

Starrst Du hingegen zurück, kann der andere das als Stärke begreifen – er lässt von seinem Vorhaben ab. Oder er wittert Provokation und greift an.

In jedem Fall musst Du jetzt mit äußerster Vorsicht agieren und Dich im Zweifel wehren.

- Die besten Erfahrungen habe ich damit gemacht, den Blick kurz aufzunehmen und den anderen rasch von oben nach unten und wieder zurück zu mustern. Hierbei sollte man möglichst neutral schauen – also nicht aggressiv, nicht abwertend, nicht ängstlich.

- Danach sollte man den Blick unmittelbar lösen, ohne das Gegenüber aus den Augen zu lassen. So vermittelt man: „Ich habe die Lage erkannt, also lass es".

Provokante Sprüche

„Ey, was glotzt Du so?" oder „Hast Du ein Problem oder was?" – das sind typische Vorkampf-Phrasen.

Erwiderst Du nichts, kann Dein Gegenüber dies für Schwäche halten. Gleiches gilt für eine „kleinlaute" Antwort.

Konterst Du mit ähnlichen Phrasen, kann dies zweierlei bewirken: entweder, der andere hat das Gefühl, Du bist das falsche Opfer, und zieht sich zurück. Oder aber er fühlt sich provoziert und greift an.

Meiner Erfahrung nach wirkt es fast immer wie Schwäche, wenn man nichts erwidert. Wichtig ist jedoch eine klare Ansage:

- Schlecht sind umständliche Sätze wie: „Hey, ich will keinen Stress, also lass mich in Ruhe, denn ich mache Karate, und ich wehre mich immer, also ..." Die Logik des Angreifers besagt: Nur Schwächlinge reden viel. Lange Sätze sind quasi die Einladung zum Kampf.

- Eher wirksam sind klare Anweisungen wie: „Stopp, wir kennen uns nicht, also lass es."

Meistens schlecht ist es, beleidigend zu werden. Ein Satz wie „Ey Penner, gleich gibt's eine auf's Maul" wirkt in aller Regel nicht deeskalierend.

Ebenso wirksam wie Worte kann übrigens auch die Körpersprache sein. Ich rate Dir zu einem möglichst neutralen, aber trotzdem aufmerksamen Verhalten. Wie aber verhält man sich neutral? Indem man auf Gesten und Gesichtsausdrücke verzichtet, die bestimmte Gefühle signalisieren können:

- Wer die Hände in die Taschen steckt, wirkt möglicherweise unsicher.

- Wer die Arme in die Hüfte stemmt und sich breitbeinig hinstellt, wirkt möglicherweise aggressiv.

- Wer in seiner Tasche oder seinem Rucksack herumkramt, wirkt möglicherweise nervös.

Achte auch auf Deinen Gesichtausdruck: ein unsicherer oder angriffslustiger Gesichtsausdruck kann bereits zu einer Eskalation führen. Neutralität auszustrahlen ist aber gar nicht so einfach. Ich rate Dir, dies mit Hilfe Deines Spiegelbildes einzuüben. Du wirst Dich wundern, was Dein Spiegelbild Dir – und damit auch jedem, der Dich ansieht – alles mitteilt.

Die dritte Säule: Verteidigung mit einfachen Mitteln

Manch eine Auseinandersetzung lässt sich vermeiden, indem man die kritische Situation frühzeitig erkennt (Säule 1) und umgeht (Säule 2). Leider kann man aber auch trotz aller Umsicht zum Ziel eines Angriffs werden. Deswegen ist die Selbstverteidigung mit einfachen Mitteln die dritte Säule meines Schutzkonzeptes. Hierbei liegt die Betonung auf „mit einfachen Mitteln"! Ich empfehle Dir ausgewählte Techniken, damit Du im Notfall möglichst schnell und sicher reagieren kannst. Da Bewegungsabfolgen dynamisch sind, lassen sie sich mit Worten und Bildern aber manchmal nur schwer beschreiben. Aus diesem Grund sind ergänzende Videos für meinen YouTube-Kanal in Planung.

Die 5 wichtigsten Techniken zur effizienten Selbstverteidigung

Es gibt natürlich noch viele weitere Möglichkeiten, sich in einer Angriffssituation zur Wehr zu setzen. Jedoch sind viele davon für Ungeübte kaum umsetzbar. Selbst erfolgreiche Kampfsportler verlassen sich in der Regel auf eine überschaubare Anzahl von Techniken, die sie perfekt beherrschen ... Und das hat folgenden Grund: Eine Angriffssituation verläuft meistens blitzschnell. Der Angreifer holt aus, zielt, und trifft. Was glaubst Du, wie lange dieser Vorgang durchschnittlich dauert? 5 Sekunden? 3 Sekunden? 1 Sekunde? Tatsächlich liegt die Zeitspanne bei unter einer Sekunde! Das heißt: Im „Fall der Fälle" bleibt nicht einmal eine Sekunde, um

● den Angriff zu erkennen,

● den Angreifer einzuschätzen,

● richtig zu reagieren und

● den Angriff abzuwehren.

Die Herausforderung ist also, dass für lange Überlegungen die Zeit fehlt. Deshalb reagieren selbst Kampfsportler bei einem unerwarteten Angriff nicht immer optimal. Jeder kann sich leicht ausmalen, dass „Otto Normalverbraucher" in einer solchen Situation erst recht überfordert ist.

Die Erfahrung zeigt: Je mehr Techniken zur Selbstverteidigung geübt worden sind, desto größer die Verwirrung, welche Technik wann eingesetzt werden sollte. Und mit steigender Verwirrung sinkt die Chance, sich effektiv verteidigen zu können. Aus diesem Grund sieht mein Konzept einen reduzierten Ansatz mit wenigen Techniken vor, die sich mit geringem Zeitaufwand trainieren lassen. Auch kann man sie sich leicht einprägen, da sie auf einfachen Bewegungsabläufen basieren. So ist die Chance höher, dass die Techniken „in Fleisch und Blut übergehen" und in einer Notlage schnell abrufbar sind.

Dazu musst man übrigens keineswegs durchtrainiert sein. Das „A und O" ist nämlich nicht die Muskelkraft, sondern der Überraschungseffekt. Wenn der Angreifer auf unerwartete Gegenwehr stößt, ist er gezwungen, darauf zu reagieren. Das trägt dazu bei, ihn von seinem Plan abzulenken, was Dir den entscheidenden Vorteil bringen kann.

Ich wünsche Dir natürlich, dass Du niemals in eine solche Lage gerätst. Aber wenn der „Fall der Fälle" doch eintritt, solltest Du wissen, was Du zu tun hast.

Wichtige Ziele der Selbstverteidigung

Selbstschutz sicherstellen

Je weniger Verletzungen Du hast, desto größer Deine Chance, dem Angriff zu entkommen. Denn eine Verletzung kann die Fähigkeit, sich zu verteidigen, beeinträchtigen. Daher musst Du versuchen, Dich während der Auseinandersetzung so zu bewegen und zu positionieren, dass Du so geschützt wie möglich bist.

Die Auseinandersetzung beenden

Je kürzer die Auseinandersetzung, desto geringer die Verletzungsgefahr. Deswegen ist es von großer Bedeutung, den Kampf so schnell wie möglich zu beenden – durch Flucht oder durch Gegenwehr.

Den Angreifer aus dem Konzept bringen

Der Angreifer hat Dich als Opfer ausgewählt, verfolgt einen Plan und rechnet nicht damit, dass Du seinen Plan durchkreuzt. Wenn es Dir gelingt, ihn mit Deiner Gegenwehr zu irritieren, kann Dir dies den entscheidenden Vorteil verschaffen.

Den Angreifer handlungsunfähig machen

Der Angreifer möchte Dir schaden. Dies kannst Du verhindern, indem Du ihn handlungsunfähig machst. Das bedeutet: Es kann erforderlich sein, den Angreifer zu verletzen oder sogar zu töten, um Dich zu schützen. Hart, aber wahr. Hierzu musst Du gezielt seine Schwachstellen attackieren. Die wenigsten Angreifer haben Mitleid mit ihren Opfern, somit darfst auch Du kein Mitleid haben. Es sei denn, Dir ist es egal, ob und wie Du einen Angriff überstehst.

Wenn Du den Angreifer verletzt oder gar tötest, kann es natürlich sein, dass Du vor Gericht landest, obwohl Du ja eigentlich das Opfer bist. Deswegen empfehle ich Dir, Dich auch mit den möglichen juristischen Folgen des Selbstschutzes zu befassen. Informationen hierzu findest Du im Fachbeitrag von Rechtsanwalt und Strafverteidiger Frank Hannig (ab Seite 95).

Technik 1: Der Schutzstand

Der Schutzstand ist die Position, die Du als Erstes einnehmen solltest, sobald klar wird, dass Du mit einem Angriff zu rechnen hast. Aus dieser Haltung heraus hast Du zahlreiche Möglichkeiten, weiter zu reagieren. Zudem hat diese Position den Vorteil, dass Du mit den Armen Deine Körpermitte vor Tritten schützen kannst. Falls sich die Auseinandersetzung hinzieht, solltest Du deswegen den Schutzstand auch immer wieder einnehmen.

Man unterscheidet zwischen parallelem und versetztem Schutzstand. Bei beiden Schutzständen richtet man sich stets zum Angreifer aus – wie ein Kompass, der sich immer wieder „einnordet".

Achte bei beiden Schutzständen auf Deine Körperspannung. Dein Körper sollte so gespannt sein, als ob er an einem Gummiseil befestigt wäre, das in wenigen Sekunden entfernt wird. So kannst Du sofort nach vorn agieren, falls nötig.

Übrigens wird statt des Schutzstandes in vielen Kampfsportarten der sogenannte Kampfstand gelehrt. In der Praxis erweist sich dieser aber meist als wenig sinnvoll (siehe meine Ausführungen hierzu auf Seite 51).

Der versetzte Schutzstand

Den versetzten Schutzstand solltest Du immer dann einnehmen, wenn ein Angriff kurz bevorsteht. Denn in dieser Position hast Du eine Körperhaltung, aus der Du blitzschnell reagieren kannst – entweder, indem Du den Angriff abwehrst oder aber selbst zum Angriff übergehst, um Dich zu verteidigen.

Rumpf und Beine im versetzten Schutzstand

- Schultern und Hüfte stehen parallel zum Angreifer.

- Die Füße stehen hintereinander auf einer Linie.

- Das Körpergewicht ruht überwiegend auf dem hinteren Bein.

Im versetzten Schutzstand ist das vordere Bein frei von Belastung und somit jederzeit einsetzbar – entweder um einen Tritt abzuwehren, oder um selbst zum Tritt anzusetzen.

Arme und Hände im versetzten Schutzstand

- Beide Arme befinden sich in leicht versetzter Position angewinkelt vor dem Oberkörper.

- Die Ellenbogen befinden sich unterhalb der Schultern.

- Die Unterarme sind schräg nach oben und zur Brustmitte hin ausgerichtet.

- Die Handflächen befinden sich hintereinander vor der Körpermittellinie und zeigen entweder zur Seite, oder die Handflächen zeigen nach vorn zum Angreifer.

- Alle Gelenke sind gebeugt.

Der parallele Schutzstand

Den parallelen Schutzstand solltest Du immer dann einnehmen, wenn Du das Gefühl hast, dass es sehr wahrscheinlich oder in jedem Fall zu einem Angriff kommen wird.

Rumpf und Beine im parallelen Schutzstand

- Der gesamte Körper ist parallel zum Angreifer ausgerichtet.
- Die Füße stehen parallel und sind leicht nach innen geneigt.
- Die Knie sind ebenfalls leicht nach innen geneigt.
- Alle Gelenke sind gebeugt.

Der Vorteil dieser Position ist, dass sie Dir die Möglichkeit bietet, die Angriffslinie Deines Gegenübers kurzfristig zu verlassen und danach Deine eigene Angriffslinie zu bilden, aus der heraus Du dann weiter agieren kannst.

Technik 2: Die offene Hand (anstelle der Faust)

Wenn sich die Möglichkeit bietet, den Angreifer mit den Händen zu attackieren, solltest Du dies ausnutzen. Ziele hierbei vor allem auf die
Schwachstellen Deines Gegenübers (siehe Abschnitt „Der Körper und seine
Schwachstellen", ab Seite 47). So steigerst Du Deine Chancen, den Angreifer zu irritieren oder sogar handlungsunfähig zu machen.

Aber Achtung: Folge
nicht dem Impuls, die
Hände zu Fäusten zu
ballen, sondern atta-
ckiere mit der offenen
Hand. Die Faust, rich-
tig eingesetzt, ist zwar
ohne Frage ein geeig-
netes Mittel, um sich
zu verteidigen. Trotz-
dem rate ich im Zwei-
kampf unerfahrenen
Personen davon ab:

- Faustschlag ist nicht gleich Faustschlag: Es gibt verschiedene
  Möglichkeiten, die Hand zur Faust zu schließen. Nicht alle sind bei
  einer körperlichen Auseinandersetzung sinnvoll. Zudem sind manche Körperstellen für einen effektiven Faustschlag „geeigneter" als
  andere. Die Einzelheiten sind ziemlich komplex und leider nicht so
  leicht zu erlernen.

- Wer aber die Faust falsch einsetzt, zieht sich schnell ernsthafte
  Verletzungen zu, wie etwa einen Bruch des Handgelenks. Eine
  derart verletzte Hand könntest Du nicht mehr einsetzen, was wiederum für den Verlauf der Auseinandersetzung fatale Folgen haben könnte.

- Und noch ein weiterer Grund spricht gegen den Einsatz der Faust:
  Mit der offenen Hand bist Du wesentlich flexibler als mit der Faust,
  denn mit der Faust kann man nur zuschlagen. Mit der offenen Hand
  aber kann man noch viele weitere Bewegungen ausführen, wie etwa
  blockieren, stoßen und kratzen.

Nur eine Technik mittels Fäusten eignet sich grundsätzlich auch für
Anfänger: der sogenannte Hammerschlag. Dieser ist sehr effektiv und
daher ebenfalls ein wichtiger Bestandteil meines Konzepts (Seite 44).

Technik 3: Der Trommelschlag

Als Trommelschlag bezeichnet man eine Serie von Schlägen, die in schneller Abfolge abgegeben werden. Ich empfehle Ungeübten, sie unbedingt mit der offenen Hand auszuführen, da das Risiko, sich selbst zu verletzen, bei der Ausführung mit der Faust höher ist:

- Die Trommelschläge sollten im Idealfall aus dem parallelen oder versetzten Schutzstand heraus ausgeführt werden.
- Die Schläge werden von der Körpermittellinie ausgeführt.
- Die Handflächen zeigen nach vorn.
- Die Hände sollten locker sein (Anspannung verbraucht unnötig Kraft; auch passt sich eine lockere Hand besser an, wenn sie auf einen harten Gegenstand trifft).
- Finger (auch Daumen) auf keinen Fall abspreizen.
- Die Ellenbogen werden in Richtung Körpermittellinie gedrückt (sie zeigen nicht nach außen).

Technik 4: Der Hammerschlag

Als „Hammerschlag" wird eine Technik bezeichnet, bei der die Faust wie ein Hammer eingesetzt wird. Die Verletzungsgefahr für die Hände ist bei dieser Technik geringer als bei anderen Faustschlägen. Die Faust muss wie folgt gebildet werden:

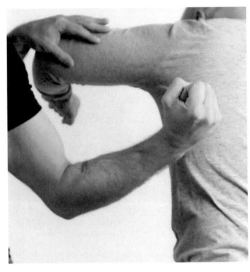

- Alle Finger zur Faust krümmen; hierbei die Finger richtig in die Handfläche einrollen (nicht nur auf den Handballen auflegen).

- Den Daumen krümmen und über den Zeige- und Mittelfinger legen.

Die so gebildete Faust ist die wichtigste Grundlage für den Hammerschlag.

Beim Zuschlagen triffst Du nicht mit den Knöcheln wie bei einem normalen Faustschlag, sondern mit der Außenseite des Handballens. Hier befindet sich ein Muskel, der relativ gut angespannt werden kann. Dies minimiert mögliche Verletzungen beim Auftreffen der Faust.

Technik 5: Der Front Kick und der Low Kick

Ähnlich wie Faustschläge können auch gezielte Tritte in einer Angriffssituation sehr wirksam sein. Daher mag es zunächst sinnvoll erscheinen, sich bei einem Angriff mit Tritten zu wehren. Hier rate ich zur Vorsicht. Für Ungeübte sind die meisten Selbstverteidigungs-Techniken mit Tritten nicht zu empfehlen, und zwar aus einem einfachen Grund: Bei Tritten steht man zeitweise nur auf einem Bein. Dadurch kann man schnell das Gleichgewicht verlieren, was wiederum die Gefahr erhöht, zu Boden zu gehen. Wer aber am Boden liegt, hat schlechte Karten.

Daher kommen für Ungeübte lediglich 2 Tritt-Techniken ernsthaft in Betracht: zum einen der Front Kick, zum anderen der Low Kick. Diese Techniken werden auf den nächsten beiden Seiten vorgestellt.

Front Kick

Der Front Kick ist aus beiden Schutzständen heraus möglich. Man kann ihn als erste Schutzreaktion einsetzen oder im Verlauf der Auseinandersetzung. Entscheidend ist die Distanz zum Angreifer. Ist diese zu groß, geht der Tritt ins Leere. Bei einer zu geringen Distanz hingegen lässt sich der Tritt nicht kraftvoll ausführen.

Beim Front Kick ist auf Folgendes zu achten:

- Der Front Kick kann sowohl mit dem vorderen Fuß als auch mit dem hinteren Fuß ausgeführt werden.

- Ziel ist es, den Angreifer mit der gesamten Fußsohle zu treten – nicht mit den Zehenspitzen, denn hierbei ist die Gefahr groß, dass man sich erheblich am Fuß verletzt.

- Der Front Kick sollte nicht höher als die eigene Hüfthöhe ausgeführt werden. Denn je höher man ansetzt, desto mehr verliert man an Gleichgewicht.

  Daher gilt: Je niedriger Du den Tritt ausführst, desto stabiler Deine Position. Allerdings kann ein Tritt in die Weichteile des Gegenübers natürlich äußerst effektiv sein.

Low Kick

Der Low Kick kann nur aus dem versetzten Schutzstand schnell ausgeführt werden, weil hierzu eine Außenbewegung des hinteren Beines erforderlich ist. Wie den Front Kick kann man den Low Kick entweder als erste Schutzreaktion einsetzen oder aber im weiteren Verlauf. Auch hier muss die Distanz passen.

Beim Low Kick ist auf Folgendes zu achten:

- Das hintere Bein führt den Low Kick aus. Hierfür musst Du das Gewicht kurzzeitig auf das vordere Bein verlagern.

- Ziel ist es, den Angreifer mit dem Schienbein zu treffen, denn dies ist zum einen effektiv und verringert zum anderen die Gefahr, dass Du Dich selbst verletzt, zum Beispiel am Fußrücken oder Fußgelenk.

- Erfolgversprechende Trefferzonen beim Gegenüber sind die Außenseite des Kniegelenks, des Oberschenkels, der Hüfte und der Taille.

- Auch der Low Kick sollte nicht höher als die eigene Hüfthöhe ausgeführt werden.

Der Körper und seine Schwachstellen

In einer Angriffssituation, bei der Du zunächst nicht flüchten kannst, kommt es darauf an, dass Du gezielt die Dir bekannten Schwachstellen des Angreifers angehst. Dies erhöht Deine Chance, den Angriff zu überstehen. Es kann natürlich sein, dass der Angreifer hierdurch verletzt wird. Das kann und muss Dir in diesem Moment egal sein! Bei einem Angriff hast Du nur Bruchteile von Sekunden Zeit zu reagieren. Vor allem, wenn der Angreifer äußerst aggressiv vorgeht, hast Du keine Wahl, als die Schwachstellen Deines Gegenübers zu attackieren.

Die Schwachstellen des Körpers musst Du auch deswegen kennen, weil es nicht unwahrscheinlich ist, dass der Angreifer ebenfalls weiß, wo er attackieren muss, um Dich in die Knie zu zwingen ... Wie bereits erwähnt, gibt es bei einem Angriff immer jemanden, der am Ende unterliegt. Und das bist hoffentlich nicht Du.

	Mit Kopfverletzungen ist nicht zu spaßen.
Kopf	• Wenn Du es schaffst, den Angreifer am Kopf anzugreifen, kann Dir dies den entscheidenden Vorteil sichern.
	• Sollte es aber dem Angreifer gelingen, Dich am Kopf anzugreifen, bist Du in großer Gefahr.
	• Deswegen ist es auch ein wichtiger Bestandteil des Schutzkonzepts, in einer Angriffssituation immer wieder die Schutzhaltung einzunehmen. So bist Du vielleicht auch nach einem Schlag gegen den Kopf immer noch handlungsfähig.
	Das gesamte Gesicht ist eine Schwachstelle.
Gesicht	• Ein Schlag ins Gesicht kann schwere Folgen haben, wie etwa Knochenbruch, Orientierungsverlust oder Bewusstlosigkeit.
	• Auch ein Schlag gegen das Kinn kann zu einer (temporären) Handlungsunfähigkeit führen.
	• Schwere Gesichtsverletzungen können auch durch Bisse, Kratzen und Kneifen entstehen. Allerdings rate ich Dir wegen der Ansteckungsgefahr davon ab, Dich mit Bissen zu verteidigen. Zubeißen solltest Du nur, wenn Du sonst absolut keine Handlungsmöglichkeiten mehr hast.

Nase

Die Nase ragt aus dem Gesicht heraus und ist daher bei einem Angriff relativ leicht zu treffen. Schon aus diesem Grund ist die Nase bei Angriffen ein häufiges Ziel. Hinzu kommt außerdem, dass bereits ein einziger Schlag auf die Nase sehr schnell Wirkung zeigt:

- Ein solcher Schlag ist äußerst schmerzhaft, vor allem, wenn es zum Bruch des dünnen Nasenbeins kommt. Somit ist eine körperliche Auseinandersetzung nach einem Schlag auf die Nase nicht selten beendet.

- Doch selbst wenn die Auseinandersetzung weitergeht, ist die Person, die einen Schlag auf die Nase erhalten hat, im Nachteil: Wahrscheinlich kann sie nach dem „Treffer" kurzzeitig nicht mehr gut sehen. Denn ein Schlag auf die Nase bewirkt oft einen starken Tränenfluss.

Ohren

Das Ohr ermöglicht das Hören, ist aber auch zuständig für das Gleichgewicht. Aus diesem Grund ist das Ohr in einer körperlichen Auseinandersetzung ebenfalls eine große Schwachstelle. Ich selbst habe schon die ein oder andere körperliche Auseinandersetzung beendet, indem ich dem Angreifer einen Schlag aufs Ohr versetzt habe. Danach ging der Angreifer fast immer zu Boden …

- Ein Schlag auf das Ohr führt dazu, dass man die Orientierung und das Gleichgewicht verliert, zudem wird das Gehirn in Schwingung versetzt. Auch das Trommelfell kann platzen. Man wird also – je nach Schlag – kurz oder auch länger handlungsunfähig.

- Wirst Du angegriffen, kannst Du wie zum Beispiel folgt vorgehen:

  - Die offene Hand etwas wölben, dies erhöht beim Schlagen den Druck.

  - Kräftig auf das Ohr des Angreifers schlagen; der Schlag muss genau auf das Ohr platziert werden.

  - Falls der Angreifer danach noch steht, den Schlag wiederholen.

Ein winziger Fremdkörper im Auge kann äußerst unangenehm sein. Richtig schmerzhaft wird es, wenn der Fremdkörper ein Daumen ist.

Augen

- Ein Daumendruck auf die Augen kann zu einem Abriss der Netzhaut, einer Beschädigung des Sehnervs und im schlimmsten Fall zum Verlust des Augenlichts führen.

- Deswegen ist ein Angriff auf die Augen des Angreifers eine weitere erfolgversprechende Möglichkeit, sich zu wehren:

  - Am besten den Daumen verwenden, um die Augen in die Augenhöhle drücken.
  - Mit den übrigen Fingern das Gesicht oder andere Teile des Kopfes umfassen.

Das hört sich sehr brutal an – und das ist es auch. Aber wenn Du den Angreifer anders nicht abwehren kannst, hast Du damit vielleicht noch eine Chance, den Angriff zu überstehen.

Am Hals befinden sich unter anderem die Halsschlagadern, die Kehle, das Schlüsselbein und Ausläufer der Wirbelsäule. Sind diese einem Angriff ausgesetzt, kann dies schwere Folgen bis hin zum Tod haben. Aus diesem Grund gilt „Alarmstufe Rot", wenn der Angreifer Dich am Hals attackiert! Du musst dann schnell und konsequent handeln! 5Umgedreht solltest Du in einer Angriffssituation versuchen, auf den Hals des Angreifers zu zielen. So schaffst Du es eventuell, den Angriff zu überstehen:

Hals

- Die Halsschlagadern liegen links und rechts neben der Kehle, sie sind die Verbindung für die Blutzufuhr des Herzens zum Gehirn. Wenn man mit den Fingern dort hineindrückt, merkt man den Pulsschlag. Ein kräftiges Zudrücken kann zur Bewusstlosigkeit führen.

- Die Kehle befindet in der Mitte des vorderen Halses. Dahinter liegt ein Teil der Wirbelsäule. Die Kehle besteht aus Blutgefäßen, Nerven, Kehlkopf, Luftröhre, Speiseröhre und Rachenmuskeln. Ein Schlag gegen die Kehle ist äußerst schmerzhaft und kann zum Tod führen. Wird die Kehle zugedrückt, kann dies ebenfalls tödlich sein.

49

- Ein Schlag auf den hinteren Bereich des Halses kann die Halswirbelsäule verletzen und zu kurzfristigem Orientierungsverlust führen.

- Ein Griff auf oder hinter das Schlüsselbein bei gleichzeitigem Zudrücken ist äußerst schmerzhaft. Dies hat zur Folge, dass man sich automatisch aus der Druckrichtung wegbewegt, um sich aus dem Griff zu lösen.

Haare

Lange Haare sind bei einem Angriff von Nachteil. Durch Haareziehen kann man eine Person in jede Richtung lenken. Noch dazu ist dies sehr schmerzhaft. Werden Haare ausgerissen, sind oft schlimme Wunden die Folge.

Schlüsselbein

Das Schlüsselbein verbindet den Schultergürtel mit dem Rumpf.

- Schon ein kräftiger Griff hinter das Schlüsselbein kann sehr schmerzhaft sein.

- Bei einem Bruch des Schlüsselbeins kann man den Arm und die Schulter nur noch unter großen Schmerzen bewegen. Bei einem Bruch dürfte die betroffene Person die Auseinandersetzung sofort beenden.

Solarplexus

Der Solarplexus liegt zwischen Brustkorb und Bauchbereich. Im Solarplexus verlaufen Nerven, die Informationen von den Bauchorganen an das Gehirn weiterleiten und umgekehrt.

- Ein kräftiger Schlag auf den Solarplexus ist enorm schmerzhaft und führt zwangsläufig zu Atemnot. Probiere es an Dir selbst aus: Wenn Du mit den Fingern in den Bereich des Solarplexus drückst, wirst Du merken, wie unangenehm das ist.

- In einer Angriffssituation musst Du versuchen, den Bereich des Solarplexus mit der Schutzhaltung vor dem Angreifer abzuschirmen. Umgedreht kannst Du versuchen, dem Angreifer einen Schlag auf den Solarplexus zu versetzen. Allerdings ist es für Ungeübte eher unwahrscheinlich, in einer Extremsituation exakt den Solarplexus zu treffen. Doch wenn sich zufällig die Möglichkeit dazu bieten sollte, dann nutze sie.

Kurze Rippe	Der Mensch hat 12 Rippenpaare, die unterhalb des Halses beginnen und sich bis zum Bauchraum ziehen. Die letzten beiden unteren Rippen sind kürzer als die übrigen Rippen; sie enden frei in der Bauchwand. Ein Schlag auf diese kurzen Rippen führt zu ähnlichen Reaktionen wie ein Schlag auf den Solarplexus.
Nieren und Leber	Der Mensch hat in der Regel 2 Nieren, sie befinden sich links und rechts der Wirbelsäule in Höhe der letzten beiden Rippen. Die Leber befindet sich direkt unter dem Zwerchfell und zieht sich vom rechten bis in den linken Oberbauch. Ein kräftiger Schlag in eine dieser Regionen ist sehr schmerzhaft und kann zur sofortigen Aufgabe führen.
Unterleib und „Weichteile"	Der Unterleib mit seinen Weichteilen ist äußerst schmerzempfindlich. Ein Tritt in die männlichen Geschlechtsteile kann sogar zur Bewusstlosigkeit führen.
	Der menschliche Körper ist mit rund 360 Gelenken ausgestattet, von denen etwa ein Drittel beweglich ist. Sämtliche Bewegungen, die wir ausführen können, haben wir diesen Verbindungsstücken zu verdanken.
Gelenke	• Gelenke dienen der Beweglichkeit, sind aber zugleich Schwachstellen, denn bei zu starker Belastung schmerzen sie oder brechen sogar. Dies ist der Grund, warum in Selbstverteidigungs-Kursen oft der Hebelgriff empfohlen wird, denn er setzt an den Gelenken an. Ich bin jedoch der Meinung, dass andere Techniken für Ungeübte deutlich erfolgversprechender sind. Darum rate ich Dir davon ab, in einer Angriffssituation allein auf die Gelenke des Gegenübers abzuzielen, außer, es bietet sich zufällig eine ideale Situation dafür an.

• Versuche zu verhindern, dass der Angreifer Dich an den Gelenken verletzt, indem Du darauf achtest, ihm einzelne Gelenke nicht „anzubieten".

• Ein Beispiel hierfür ist die Art, wie Du Dich vor den Angreifer stellst. In vielen Kampfsportarten wird der sogenannte Kampfstand gelehrt. Hierbei wird mindestens die Hälfte des Körpergewichts auf das vordere Bein verlagert. In einer Übung ist dies vielleicht sinnvoll, in einer realen Auseinandersetzung aber eher unvorteilhaft. Denn in einer solchen Haltung liegt Dein Knie für den Angreifer quasi „auf dem Präsentierteller".

Noch dazu ist Dein Gewicht auf dem vorderen Fuß gelagert. Wenn der Angreifer Dich nun ins Kniet tritt, kann Dein Knie brechen oder auskugeln, oder es kommt zum Bänderriss. Du wirst jedenfalls wegen der Schmerzen zu Boden gehen und handlungsunfähig sein. Das verschlechtert natürlich Deine Chancen, den Angriff zu überstehen.

Daher empfehle ich statt des Kampfstands den Schutzstand (Technik 1, ab Seite 38). Hierbei wird mindestens die Hälfte des Gewichts auf das hintere Bein verlagert, was Dir eine viel bessere Ausgangsposition verschafft.

Mit den Händen können wir vielfältige Bewegungen ausführen, zum Beispiel greifen, tasten oder schlagen. All diese Bewegungen sind nur aufgrund eines komplexen Zusammenspiels von Knochen, Gelenken, Sehnen, Muskeln und Nerven möglich. Sobald auch nur eine dieser Komponenten geschädigt ist, kann dies die Funktionsweise der gesamten Hand erheblich beeinträchtigen.

Hände

- In einer körperlichen Auseinandersetzung sind die Hände das wichtigste körpereigene Werkzeug. Du musst also auf Deine Hände besonders gut achtgeben. Daher rate ich unter anderem auch davon ab, sich mit der Faust zu verteidigen. Die Verletzungsgefahr ist hierbei einfach zu hoch. Mit einer verletzten Hand sinken jedoch Deine Chancen, Dich angemessen zu verteidigen. In einer körperlichen Auseinandersetzung ist eine intakte Hand Gold wert.

- Umgekehrt solltest Du es unbedingt nutzen, wenn sich die Gelegenheit bietet, den Angreifer an den Händen zu verletzen. Wenn Du beispielsweise seine Finger zu fassen bekommst, dann zögere nicht, sie zu verdrehen, zu quetschen oder gar zu brechen. Dies könnte Dir den entscheidenden Vorteil verschaffen.

Im Vergleich zu den Händen sind die Füße bei den meisten Menschen nicht ganz so flexibel einsetzbar. Trotzdem ist auch der Fuß eine Schwachstelle, denn er ist ebenfalls komplex aufgebaut.

- Eine Verletzung am Fuß kann weitreichende Folgen haben, da man in der Folge oft zu Boden geht und dann das Nachsehen hat. Auch eine Flucht ist mit einer Fußverletzung meist nicht mehr möglich.

- Dies ist ein weiterer Grund, warum Du bei einem Angriff darauf achten solltet, dass das vordere Bein frei von Belastung ist. Du hast dann einen sicheren Stand und kannst im dynamischen Geschehen schneller reagieren.

Füße

- Umgekehrt bietet sich vielleicht die Möglichkeit, den Angreifer am Fuß so heftig zu attackieren, dass er erst einmal ausgeschaltet ist:

  – Bei einem Tritt von außen knickt der Angreifer nach innen weg.

  – Bei einem Tritt von innen knickt der Angreifer nach außen weg. Doch Vorsicht: Um den Tritt auszuführen, musst Du eine Seite Deines Körpers freigeben, was Deinem Gegenüber eine Angriffsfläche bietet.

Übung macht den Meister

Mit der Lektüre dieses Buches hast Du den Grundstein dafür gelegt, dass Du vorbereitet bist, falls Du einmal in eine Angriffssituation gerätst. Jedoch werden theoretische Kenntnisse nicht ausreichen, um Dich in einer solchen Situation tatsächlich zu behaupten. Deswegen lege ich Dir ans Herz, Dich mit den hier vorgestellten Techniken auch praktisch vertraut zu machen. Übe sie immer und immer wieder, bis Du sie quasi im Schlaf beherrschst. Das wird nicht von heute auf morgen gelingen, aber je Du damit anfängst, desto besser. Übungsvorschläge zu den einzelnen Techniken für meinen YouTube-Kanal sind in Planung.

Zudem empfehle ich Dir, an Deiner Kondition zu arbeiten, soweit es Dir gesundheitlich möglich ist. Eines meiner Lieblingstrainings zur Verbesserung der Kondition ist der sogenannte Pendellauf. Beim Pendellauf

Wissenswertes zum Pendellauf

Der Pendellauf ist ein fester Bestandteil mancher polizeilicher Einstellungstests, denn wer den Pendellauf in einer guten Zeit meistert, verfügt über Ausdauer sowie über eine gewisse Wendigkeit und Geschicklichkeit.

Bei den Einstellungstests muss man bestimmte Zeitwerte einhalten, um zu bestehen. In der privaten Übungssituation kommt es zunächst darauf an, sich nach und nach zu verbessern.

Vielleicht erreichst Du ja einmal die Geschwindigkeit, die auch ein angehender Polizist im Einstellungstest erreichen muss? In Hamburg sind dies für Bewerber unter 30 Jahre maximal 11,29 Sekunden auf einer Strecke von 10 Metern, die insgesamt 4 mal zurückzulegen ist.

geht es darum, eine bestimmte Strecke mehrere Male vorwärts zurückzulegen. Das heißt, am Ende der Strecke muss gewendet werden, bevor man die Strecke wieder zurücklaufen kann. Abgesehen von diesem einfachen Grundaufbau gibt es viele Varianten. Die Varianten, die ich im Folgenden vorstelle, sind ideal geeignet, um die einzelnen Techniken aus meinem Schutzkonzept gezielt zu trainieren.

Natürlich kannst Du statt des Pendellaufs auch einfach Sprints üben, um Deine Kondition zu verbessern. Den Pendellauf zu üben ist deshalb empfehlenswert, weil das Ungeübten erfahrungsgemäß wesentlich mehr Freude. Vor allem Kinder und Jugendliche zeigen sich beim Pendellauf-Üben oft sehr motiviert. Falls sich also in Deiner Familie Kinder und Jugendliche finden, werdet Ihr dabei bestimmt gemeinsam viel Spaß haben.

Bei der hier vorgestellten Pendellauf-Variante geht es um das Einüben des Trommelschlags mit der offenen Hand (Technik 3, ab Seite 42). Ergänzend werden die Techniken „weicher Fall vorwärts" und „weicher Fall rückwärts" geübt.

Utensilien und Aufbau

- Für das Einzeltraining benötigt man 2 Handschützer sowie je einen Widerstand an den Endpunkten der Strecke (zum Beispiel Wand, Baum oder Pfeiler). Die Widerstände stellen den Angreifer dar.

- Für mehrere Personen benötigt man pro Person 2 Schlagpolster (auch Pratzen genannt). Je eine Person steht an den Endpunkten der Strecke und stellt so den Angreifer dar.

Die Länge der Strecke und die zur Verfügung stehende Zeit sind frei wählbar. Als Streckenlänge sind 10 Meter in den meisten Fällen praktikabel, ein sinnvoller Zeitrahmen ist zum Beispiel 30 Sekunden.

Folgender Ablauf ist empfehlenswert:

Ablauf

- Bis zum Streckenende laufen. Einen weichen Fall rückwärts machen, geschützt aufstehen.
- 3 Trommelschläge mit offener Hand gegen den Widerstand bzw. gegen das Schlagpolster des Trainingspartners.
- Dann zurück zum anderen Ende laufen. Einen weichen Fall vorwärts machen, geschützt aufstehen.
- 3 Trommelschläge mit offener Hand gegen den Widerstand bzw. gegen das Schlagpolster des Trainingspartners.
- Usw.

Der Ablauf wird wiederholt, bis die festgesetzte Zeit abgelaufen ist. Ziel ist es, innerhalb der jeweiligen Zeit so viele Strecken zu schaffen wie möglich.

Der Schwierigkeitsgrad kann auf verschiedene Weisen erhöht werden. Hier ein paar Beispiele:

Intensivierung

- Festgesetzte Zeit erhöhen.
- Geschwindigkeit der Trommelschläge kurzfristig erhöhen und wieder verlangsamen.
- Trommelschläge mit Drehung ausführen.
- Trommelschläge um einen Tritt nach vorn ergänzen.
- Trommelschläge mit weichem Fall vorwärts oder rückwärts und mit geschütztem Aufstehen kombinieren.
- Trommelschläge im Liegen ausführen.

Häufige Fragen und Antworten

Im Folgenden führe ich einige Fragen auf, die mir von Kursteilnehmern immer wieder gestellt werden, sowie meine Antworten hierzu.

Falls Du nach der Lektüre dieses Beitrags noch weitere Fragen hast, kannst Du mir eine E-Mail an info@sicherheit-am-limit.de schreiben. Die wichtigsten Fragen und Antworten werde ich bei einer späteren Neuauflage berücksichtigen.

1. Wie verhält man sich bei einem Sturz?

Bei einer körperlichen Auseinandersetzung lässt es sich nicht immer vermeiden, dass man zu Boden geht. Anders als in einem Übungsszenario ist der Untergrund dabei meistens nicht gepolstert. Du wirst in der Regel auf Asphalt, Schotter oder einem anderen harten Untergrund landen. Wichtig ist, sich hierbei nach Möglichkeit nicht zu verletzen. Dazu muss man wissen, wie man auch auf harten Untergründen „richtig" fallen und „richtig" aufstehen kann.

Ob überhaupt die Möglichkeit besteht, „richtig" zu fallen, hängt von der Dynamik und Schnelligkeit des Sturzes ab. Wenn Du erst sehr spät bemerkst, dass Du im Begriff bist zu stürzen, wirst Du dies höchstwahrscheinlich keine Zeit mehr haben, darauf zu achten, wie Du fällst. Wenn Du aber rechtzeitig absehen kannst, dass Du zu Boden gehen wirst, ist kontrolliertes Fallen von Vorteil.

Richtig fallen

Mach Dich beim Fallen möglichst „klein" – so kannst Du Verletzungen vermeiden:

- Den Rücken und alle Gelenke beugen.
- Falls möglich, während des Sturzes die Hände in Schutzposition halten; gelingt dies nicht, dann sofort nach dem Sturz in Schutzhaltung gehen.
- Wenn möglich, auf „weichen Stellen" landen (Gesäß, Oberschenkel).
- So schnell wie möglich geschützt aufstehen!

Stoß von hinten – Fall nach vorne

Stoß von vorne – Fall nach hinten

Richtig aufstehen

Wenn Du erst einmal zu Boden gegangen bist, hast Du nicht viele Möglichkeiten. Und Ungeübte verlieren den Bodenkampf zumeist. Daher gilt: So schnell wie möglich wieder aufstehen, und zwar in geschützter Haltung. Das heißt, schütze Deinen Kopf mit einem Arm, um einen weiteren Angriff abzufangen. Denn ein Tritt oder ein Schlag gegen Deinen ungeschützten Kopf kann tödlich sein.

Wurdest Du von hinten geschubst und bist nach vorn gefallen, hast Du je nach Situation 2 Möglichkeiten:

- Bei einem dynamischen Stoß kannst Du eventuell, sobald Du auf dem Boden aufkommst, sofort wieder in Stoßrichtung aufstehen, indem Du den Schwung mitnimmst. Dreh Dich danach sofort in Richtung Angreifer um.

- Reicht der Schwung nicht aus, dreh Dich sofort nach dem Sturz in die geschützte Rückenlage, um die Situation zu erfassen. Versuch auch hier, so schnell wie möglich wieder aufzustehen.

In beiden Fällen gilt:

- Steh immer geschützt auf – das heißt, halte eine Hand vor den Kopf.

- Mach nach dem Sturz so bald wie möglich den Umgebungs-Scan und entscheide Dich dann sofort: Kämpfen oder fliehen?

- Wenn nur der Gegen-Angriff bleibt, dann solltest Du diesen jetzt so konsequent wie möglich durchführen.

2. Wie verhält man sich bei einem Würge-Angriff?

Wenn Dich jemand in den Würgegriff nimmt, befindest Du Dich in einer höchst gefährlichen Lage. Du musst Dich dann so schnell wie möglich aus dem Griff befreien. Folgendes kannst Du versuchen:

- Bring sofort eine Hand zwischen Deinen Hals und den Armen des Angreifers.

- Versuche, nicht zu Boden zu gehen.

- Wenn Du Dich befreien kannst, dreh Dich frontal zum Angreifer (Schutzhaltung nicht vergessen).

- Führ den Umgebungs-Scan durch.

- Entscheide sofort: Kämpfen oder fliehen?

- Falls Du Dich für den Gegenangriff entscheidest: Sofortigen Angriff auf die Schwachstellen des Angreifers starten, dies verspricht den größten Erfolg (siehe Abschnitt „Der Körper und seine Schwachstellen", ab Seite 44).

3. Was gilt bei einem Angriff von hinten?

Wenn man von hinten angegriffen wird, ist es wichtig, sich zu drehen, damit man dem Gegenüber frontal gegenübersteht. Im Training erlebe ich immer wieder, dass die Teilnehmer nur den Oberkörper drehen, ohne die Beine mitzudrehen. Aus dieser „Korkenzieher-Position" heraus verliert man jedoch sehr schnell das Gleichgewicht und kann vor allem die Beine nicht mehr zur Verteidigung einsetzen.

Zudem denken viele Teilnehmer nicht daran, während der Drehung ihren Körper zu schützen. Auch das ist ein großer Fehler. Richtig drehen bedeutet immer auch geschützt drehen, das heißt, den Kopf zu schützen, zum Beispiel durch eine hochgezogene Schulter.

Doch wie dreht man sich geschützt? Der gesamte Körper muss miteinbezogen werden.

Für den Oberkörper gilt:

- Bei Drehungen nach rechts die rechte Schulter zum Kinn ziehen.
- Der rechte Ellenbogen führt die Drehung an.
- Die linke Hand wird in Bereitschaft vor das Kinn gehalten.
- Wenn die Drehung vollzogen ist und es noch keinen Kontakt zum Angreifer gibt, den rechten Arm strecken und sofort Schutzhaltung einnehmen.
- Gibt es während der Drehung schon Kontakt zum Angreifer mit dem Ellenbogen, sofort den Umgebungs-Scan durchführen und je nach Situation flüchten, Schutzhaltung einnehmen oder sich massiv wehren.

Für den Unterkörper gilt:

- Das rechte Bein bewegt sich im Halbkreis zum Angreifer hin.
- Es ist wichtig, so lange wie möglich Kontakt zum Boden zu halten; am besten Du schleifst mit dem rechten Bein über den Boden.
- Nach hinreichendem Training kann mit dem rechten Bein schon bei der Drehung ein Fußtritt entstehen.
- Das linke Bein dreht sich auf der Stelle.
- Nach der Drehung Umgebungs-Scan durchführen und Schutzhaltung einnehmen.

4. Wie verhält man sich bei einem Bodenkampf?

Wenn es zu einer körperlichen Auseinandersetzung kommt, musst Du damit rechnen, dass Du früher oder später zu Boden gehst. Typische Übergangssituationen, kurz bevor es zum Bodenkampf kommt: Der Angreifer umklammert Dich oder stellt dir ein Bein. Vielleicht wirft der Angreifer Dich aber auch einfach um, oder Du gerätst selber aus dem Gleichgewicht.

Sei Dir darüber im Klaren, dass Bodenkämpfe sehr viel Kraft kosten. Es wird festgehalten, gezogen, gedrückt, geschlagen ... Aufstehen ist hier oberstes Gebot.

Für das weitere Vorgehen kommt es darauf an, wer oben ist.

Ihr beide seid auf dem Boden

Für den Fall, dass Du gemeinsam mit dem Angreifer zu Boden gehst, solltest Du versuchen, oben zu bleiben. Du kannst dies beeinflussen, indem Du Dich beim Fallen möglichst groß machst, das heißt, indem Du Arme und Beine ausstreckst.

Der Angreifer ist über Dir

Ich brauche wohl nicht extra zu betonen, dass dies ein äußerst gefährliches Szenario ist ... Ist der Angreifer oben, konzentriere Dich darauf, selbst nach oben zu gelangen. Von oben hast Du mehr Möglichkeiten, Dich zu verteidigen.

Insgesamt geht es darum, so schnell wie möglich die Führung zu übernehmen. Vermeide jetzt Handlungen, die unnötig Kraft kosten, wie etwa langes Ziehen oder auch Festhalten. Bleibt Deine Handlung nach etwa 2 oder 3 Sekunden ohne jede Wirkung, lass davon ab und greife zu anderen Mitteln.

Wende alle Mittel an, die Dir zur Verfügung stehen: Hände, Knie und Ellenbogen. Versuche es mit Würgen, Schlagen, Treten und Kratzen. Du weißt ja: Fairness spielt jetzt keine Rolle. Bring den Angreifer aus dem Konzept, sodass er auf Deine Handlungen reagieren muss, anstatt seinem Plan folgen zu können.

Und nochmals zur Erinnerung: Sobald Du kannst, musst Du aufstehen. Das kann lebenswichtig sein.

Verhalten bei Tritten

Wenn Du am Boden liegst und der Angreifer steht, achte auf Tritte, denn das ist nun für den Angreifer wahrscheinlich das Mittel der Wahl.

- Kommt ein Tritt zum Kopf, nutze Deine Arme als Schutz. Nimm – wie ein Boxer – mit den Armen eine Doppeldeckung vor dem Gesicht ein und bewege Dich mit dieser Doppeldeckung beschleunigt zum tretenden Fuß hin. Je dynamischer Du diese Bewegung ausführst, desto mehr kannst Du die Wucht des Trittes reduzieren.

- Kommen Tritte gegen den Körper, solltest Du versuchen, diese mit den Beinen abzuwehren, indem Du selber zutrittst.

  Mit der Bewegung in Richtung Tritt handelt man übrigens gegen den Instinkt, denn die instinktive Reaktion besteht darin, Tritten auszuweichen. Darum möchte ich an einem Beispiel veranschaulichen, warum es so wichtig ist, den Tritten entgegen zu gehen:

Jemand tritt gegen einen schweren Medizinball. Er trifft mit 100-prozentiger Kraft, weil der Medizinball regungslos ist. Käme der Medizinball aber dem „Treter" plötzlich ruckartig in Richtung Tritt entgegen, wird der Tritt abgefangen und trifft vielleicht nur noch mit 40 Prozent. Genauso kannst Du einen Tritt abschwächen und damit den Angreifer überraschen, falls er Dich mit einem regungslosen Medizinball verwechseln sollte.

Verhalten bei Schlägen und Würgen

Wenn es dem Angreifer gelingt, Schläge gegen Deinen Kopf zu landen, bist Du wahrscheinlich handlungsunfähig. Ein Würgegriff kann zur Bewusstlosigkeit führen. Jetzt muss der Angreifer sofort in seinem Tun gestört werden:

- Versuche, die Schutzhaltung auch am Boden einzunehmen.

- Wenn der Angreifer zuschlägt, dann schlag auch Du zu, so kraftvoll und so lange Du kannst. Ziele dabei insbesondere auf den Hals, auf den Kopf und auf die Augen. Jeder Treffer durch den Angreifer ist ein Treffer zu viel und kann am Boden das Ende bedeuten.

- Versuche, Dich so viel zu bewegen wie möglich. Bewege zum Beispiel Deinen Kopf und Oberkörper seitlich hin und her, um es dem Angreifer so schwer wie möglich zu machen.

- Wenn der Angreifer Dich würgt, versuche sofort, eine Hand zwischen Deinen Hals und den Armen des Angreifers zu bringen. Dadurch bekommst Du erst einmal noch genug Luft, um Dich weiter zu wehren. Attackiere insbesondere den Hals, den Kopf und die Augen.

Der Angreifer liegt unter Dir

Diese Position ist schon etwas besser, jedoch auch nicht ungefährlich. Aus diesem Grund lautet auch in diesem Fall die Devise: Aufstehen ist das „A und O". Doch wie gelingt das am besten? Ich möchte dies an einem Beispiel veranschaulichen:

Der Angreifer stürzt sich auf Dich, Du landest auf den Knien und Ellenbogen. Eventuell bist Du bereits jetzt verletzt. Wenn Du noch handlungsfähig bist, kommt es vielleicht zu einem kurzen Gerangel, und dann liegt der Angreifer unter Dir.

- Als erstes musst Du jetzt umgehend die Schutzposition einnehmen. Das heißt, Du hälst den Kopf hoch, weg vom Angreifer, damit er Dich nicht ohne Weiteres an Hals und Kopf attackieren kann.

- Als nächstes teilst Du gezielte Trommelschläge aus. Sinnvolle Ziele in dieser Situation sind der Hals und der Kopf, insbesondere die Augen und die Ohren.

- Der Angreifer wird wahrscheinlich nicht still liegen bleiben, sondern sich wehren. Eine weit verbreitete Reaktion ist dann, zu versuchen, den Angreifer festzuhalten, wegzuschieben oder wegzudrücken. All das kostet viel Kraft, die Du jetzt anderweitig brauchst. Zudem müsstest Du bei einer solchen Reaktion Deine Hände einsetzen. Deine Hände brauchst Du jetzt aber für die Trommelschläge und zum Aufstehen.

- Wenn Du also Deine Hände zur Abwehr einsetzt, dann höchstens ein paar Sekunden. Danach musst Du Dich darauf konzentrieren, den Angreifer mit gezielten Schlägen so zu schwächen, dass Du aufstehen kannst.

Wenn Du es schaffst, aufzustehen, ohne dass auch der Angreifer sofort aufsteht, solltest Du umgehend die Flucht ergreifen. Andernfalls musst Du Dich weiter verteidigen.

5. Wie verhält man sich in einer Gruppe?

Die bisherigen Ausführungen beziehen sich auf Situationen, in denen Du allein unterwegs bist. Die meisten davon gelten auch, wenn Du in Begleitung bist. In diesem Fall gibt es aber noch einen ergänzenden Grundsatz zu beachten: Bleibt immer zusammen! Denn die Chance, sich gegen einen oder mehrere Angreifer erfolgreich zu verteidigen, ist weitaus größer, wenn Ihr zu zweit oder noch mehr seid.

Hier 2 Beispiele für mögliche Reaktionen, wenn Ihr in Begleitung unterwegs seid:

Ihr seid zu zweit, ein Angreifer

Falls es zu einer Vorkampfphase kommt, solltet Ihr Euch taktisch positionieren, und zwar so, dass der Angreifer immer nur eine Person attackieren kann. Hier empfiehlt sich zum Beispiel die L-Stellung.

- Die gesamte Situation wird natürlich dynamisch verlaufen. Das heißt, Ihr werdet Euch viel bewegen müssen. Dabei solltet Ihr darauf achten, Euch so zu bewegen, dass Ihr die taktisch gewählte Positionierung auf jeden Fall beibehaltet.

- Wenn Ihr es mit nur einem Angreifer zu tun habt, ist die Wahrscheinlichkeit groß, dass dieser sich einen von Euch als Opfer ausgesucht hat. Dies werdet Ihr in der Regel daran erkennen, auf wen er seine Aggressionen richtet. Die jeweils andere Person wird somit automatisch zum „Helfer" und muss jetzt unbedingt in unmittelbarer Nähe bleiben, ohne jedoch die taktisch gewählte Positionierung aufzugeben.

- Wenn der Angriff beginnt, verhält sich die angegriffene Person so, wie es das hier vorgestellte Schutzkonzept vorsieht.

- Gleichzeitig attackiert der Helfer aus der taktisch gewählten Positionierung und mit den ausgewählten Techniken den Angreifer.

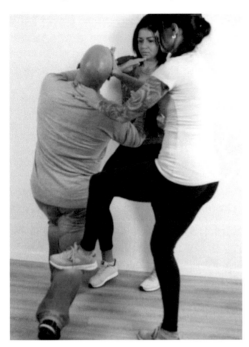

- Denkt in einer solchen Situation unbedingt immer daran, die Schwachstellen gezielt zu attackieren!

- So kann ein heftiger Tritt in die Kniekehle bewirken, dass der Angreifer direkt zu Boden geht. Das wäre in dieser Lage für Euch natürlich ein sehr großer Vorteil.

- Sobald der Angreifer kurzzeitig außer Gefecht gesetzt ist, ergreift Ihr umgehend die Flucht – und zwar gemeinsam.

  Bleibt solange zusammen, bis Ihr beide in absoluter Sicherheit seid.

Ihr seid zu zweit, mehrere Angreifer

Wenn Ihr es mit 2 oder mehr Angreifern zu tun habt, ist die Lage für Euch erschwert, denn Ihr werdet wahrscheinlich beide zum Ziel des Angriffs. In dieser Situation ist eine andere taktische Positionierung besser.

- Stellt Euch Rücken an Rücken oder Schulter an Schulter.

- Bewegt Euch immer gemeinsam in die gleiche Richtung.

- Lasst Euch nach Möglichkeit nicht einkreisen und versucht, Eure Rücken freizuhalten.

- Wenn der Angriff beginnt, verhält jede der angegriffenen Personen so, wie es das hier vorgestellte Schutzkonzept vorsieht.

- Falls es Euch gemeinsam gelingt, die Angreifer kurzzeitig außer Gefecht zu setzen, dann ergreift gemeinsam die Flucht.

In diesem Zusammenhang sind mir noch die folgenden Hinweise sehr wichtig:

- Besprecht dieses Vor-
  gehen mit den Leuten,
  mit denen Ihr ab und
  zu unterwegs seid.
  Sonst bist Du im Ernst-
  fall der einzige, der
  weiß, wie man sich
  optimal verhält.

- Bei einem Übergriff
  solltet Ihr immer kon-
  sequent handeln. Doch
  gilt dies ganz beson-
  ders, wenn Ihr von
  mehreren angegriffen
  werdet. Ihr müsst dann
  die zur Verfügung ste-
  henden Mittel nutzen –
  auch wenn dabei ein
  Angreifer schwer
  verletzt werden kann.

Andernfalls riskiert Ihr, dass Ihr den Angriff nicht überlebt.

7. Der Hebelgriff – sinnvoll oder nicht?

„Hebel" nennt man bestimmte Handgriffe, die bewirken, dass der Gegner fixiert wird oder zu Boden geht. Ein Hebelgriff kann zum Beispiel an
an den Händen oder Beinen des Gegners ausgeführt werden.

Hebelgriffe sind ein elementarer Bestandteil im Kampfsport und in viel-
en Trainings zur Selbstverteidigung. Allerdings rate ich Dir grundsätzlich davon ab, im Ernstfall ausschließlich auf den Hebelgriff zu vertrauen.
Jemand, der durch jahrelanges Training „hebelerfahren" ist, kann ihn im
Ernstfall vielleicht erfolgreich einsetzen. Doch die meisten werden damit
scheitern. Stattdessen reizen sie den Gegner und verlieren Kraft, die sie
brauchen, um sich erfolgreich zu wehren. Zu jedem Grundsatz gibt es
aber Ausnahmen. Falls Du mit dem Hebelgriff vertraut bist und sich während der Auseinandersetzung zufällig eine passende Situation ergibt,
kannst Du das eventuell ausnutzen und den Hebel doch anwenden.

6. Selbstbewaffnung: Ja oder nein?

Bei dem Ausdruck „Selbstbewaffnung" denken die meisten wohl an Gegenstände, die unzweifelhaft zu den Waffen gehören, wie etwa an Messer oder Pistolen. Hieb- und Stichwaffen sowie Schusswaffen sind schließlich dafür bestimmt, zu verletzen oder sogar zu töten. Im Zusammenhang mit der Selbstverteidigung greift ein solches Verständnis des Begriffs „Waffe" aber zu kurz. Du solltest vielmehr grundsätzlich ALLE Gegenstände als Waffe begreifen, die dazu geeignet sind, jemandem zu verletzen – egal, ob diese Gegenstände ursächlich hierfür bestimmt sind oder nicht. Nur mit einem solchen erweiterten Waffenbegriff bist Du dafür sensibilisiert, welche Gegenstände in einer Angriffssituation als Waffe eingesetzt werden können. Wenn ich also hier von „Waffe" spreche, dann lege ich diesen erweiterten Waffenbegriff zugrunde.

Hiervon zu unterscheiden sind die sogenannten Abwehrmittel, wie etwa Pfefferspray, Taschenalarm und Co., die eigens zur Abwehr von Angriffen gedacht sind. Aber auch viele andere Gegenstände können als Abwehrmittel dienen, zum Beispiel ein Regenschirm oder ein Schlüsselbund. Aus diesem Grund bezeichne ich alle Gegenstände, mit denen man einen Angriff abwehren kann, als Abwehrmittel.

Der Griff zum Abwehrmittel bzw. zur Waffe kann Eure Chancen gegenüber einem Angreifer erhöhen. Allerdings sei klar und deutlich gesagt:

* **Es ist wichtig zu wissen, was erlaubt und was verboten ist**

  In Deutschland ist genauestens geregelt, wer welche Waffen bzw. Abwehrmittel mit sich führen darf, und welche davon verboten sind. Eine ausführliche Darstellung der aktuellen Rechtslage würde aber den Rahmen dieses Beitrags sprengen. Zudem ändern sich rechtlichen Bedingungen auch ab und zu. Daher empfehle ich Dir zunächst einmal, Dich mit den einschlägigen gesetzlichen Grundlagen auseinanderzusetzen.

  Maßgebend auf Bundesebene ist zum einen das Waffengesetz (WaffG), zum anderen natürlich auch die Rechtsprechung. Solltest Du zu den juristischen Laien gehören, sind Gesetzestexte und Gerichtsurteile für Dich vielleicht „ein Buch mit sieben Siegeln". Das sollte aber kein Hindernis sein, um Dich trotzdem mit dem Thema zu befassen. Im Internet findest Du ausreichend seriöse Informationen dazu, was erlaubt und was verboten ist, zum Beispiel auf der Seite des Polizeipräsidiums Berlin:

  www.berlin.de/polizei/service/waffenbehoerde/

- **Angreifer halten sich nicht an Gesetze**

Selbstverständlich sollte man nichts tun, was verboten ist. Da sich Gewalttäter üblicherweise aber nicht an Gesetze halten, musst Du leider damit rechnen, dass Du eines Tages einem Angreifer gegenüberstehen könntest, der mit einer verbotenen Waffe ausgestattet ist. Darum werde ich im Folgenden auch auf einige der verbotenen Waffen eingehen.

- **Abwehrmittel und Waffen wollen beherrscht werden**

Ein Abwehrmittel oder eine Waffe zu besorgen, einzustecken und mitzunehmen ist noch lange keine Garantie für Deine Sicherheit. Du kannst Dich damit sogar selbst gefährden, nämlich dann, wenn es dem Angreifer gelingen sollte, den jeweiligen Gegenstand an sich zu nehmen und gegen Dich einzusetzen. Und es soll auch schon der ein oder andere erheblich zu Schaden gekommen sein, weil er sich mit einem Abwehrmittel oder einer Waffe selbst verletzt hat.

Kleiner Selbsttest:
Würdest Du Dich wirklich selbst verteidigen?

Verteidigen kann sich nur, wer dazu bereit ist – und weiß, was zu tun ist.

1. Würdest Du im Ernstfall

   - mit Pfefferspray sprühen?
   - zuschlagen?
   - einen Schuss abgeben?"

2. Weißt Du ganz genau, wie Du Dich verteidigen kannst bzw. wie das Abwehrmittel oder die Waffe Deiner Wahl zu handhaben ist?

Du solltest beide Fragen bejahen können, wenn Dir Deine Sicherheit am Herzen liegt. Denn falls Du bei einem Angriff Sprüche klopfst oder ein Abwehrmittel/eine Waffe zückst, dann aber hilflos agierst, schadest Du Dir letztlich selbst. Der Angreifer wird Deine Unentschlossenheit bemerken. Jetzt ist er vielleicht noch mehr „auf Krawall gebürstet" als vorher. Daher gilt die Devise: „Wenn schon, denn schon!" Das heißt: Wenn Du bereit bist, Dich zu verteidigen, solltest Du konsequent sein und im Falle eines Falles wissen, was Du tust.

Ausgewählte Abwehrmittel für jedermann

Abwehrmittel gibt es wie Sand am Meer; jeder Versuch einer vollständigen Auflistung ist deshalb sinnlos. Darum werde ich im Folgenden nur auf einige wenige Abwehrmittel eingehen. Diese habe ich ausgewählt, weil sie entweder für jedermann verfügbar oder aber höchst effektiv sind. Wenn Du wissen möchtest, auf welche weiteren Abwehrmittel Du zurückgreifen kannst, empfehle ich Dir eine entsprechende Recherche im Internet; Du wirst eine Fülle an Vorschlägen finden.

Immer mit dabei: Stimme und Fingernägel

Wenn Ihr unterwegs seid, habt Ihr in den meisten Fällen auch Eure Stimme und Eure Fingernägel mit dabei. Beides kann Euch in einer Notsituation bei der Abwehr äußerst nützlich sein:

- Euer Körper ist jetzt voller Adrenalin, das wirkt sich auch auf Eure Stimme aus. Ihr habt jetzt zum Beispiel die Möglichkeit zu schreien, so laut ihr könnt. So werden andere vielleicht auf Eure Situation aufmerksam, und der Angreifer wird eventuell abgeschreckt.

- In einer Angriffssituation sind längere, scharfkantige Fingernägel von Vorteil. Denn durch Kratzen und Stechen mit den Fingernägeln kann man erhebliche Verletzungen verursachen, vor allem im Gesicht. Dies kann Euch den entscheidenden Vorteil verschaffen.

Sehr effektiv: Taschenalarm und Pfefferspray

Zu den bekanntesten Abwehrmitteln zählen der Taschenalarm und das Pfefferspray. So berichten mir auch immer wieder Kursteilnehmer, dass sie eines dieser Abwehrmittel oder sogar beide mit sich führen. Vor allem Frauen fühlen sich dann häufig viel sicherer. Dieses Sicherheitsgefühl kann aber trügen. Denn leider zeigt die Erfahrung, dass viele nicht wissen, wie man in einer Notsituation den Alarm und das Spray richtig einsetzt.

Was Du zum Taschenalarm wissen musst

Ein handelsüblicher Taschenalarm hat eine durchschnittliche Lautstärke von etwa 110 bis 140 Dezibel. Diese Lautstärke entspricht der eines startenden Düsenjets und ist somit geeignet, in einer Notsituation schnell Aufmerksamkeit zu erregen.

Man unterscheidet zwischen Taschenalarmen, die durch den Druck auf 1 bis 2 Knöpfe ausgelöst werden (sogenannte Panik-Alarme) und solche, die durch das Herausziehen eines Stiftes aktiviert werden.

Ich empfehle die Alarme mit dem Sicherheitsstift. Diese haben den Vorteil, dass die Hand nach Aktivierung des Alarms sofort wieder frei ist; bei den Alarmen durch Knopfdruck muss der Knopf gedrückt bleiben, damit das Gerät Alarm aussendet.

Zuallererst präge Dir bitte ein: Ein Taschenalarm, der irgendwo in der Handtasche liegt, ist im Ernstfall vollkommen nutzlos. Ein Taschenalarm, der helfen soll, muss immer griffbereit sein. Wer in einer Angriffssituation erst in der Tasche wühlen muss, hat schon verloren. Zwar können manche Taschenalarme zum Beispiel am Gürtel befestigt werden. Aber auch das ist nicht ideal. Denn in dem Augenblick, in dem Du nach dem Alarm schaust und den Sicherheitsstift ziehst, bist Du abgelenkt, und es fehlt Dir eine Hand für die Verteidigung. Erschwerend kommt hinzu, dass ein am Gürtel befestigter Alarm bei Bewegung – wie etwa auf der Flucht – leicht abfallen kann. In diesem Moment wird der Alarm quasi nutzlos. Bis Hilfe eintrifft, bist Du mit dem Angreifer möglicherweise schon ganz woanders ...

Aus diesen Gründen gebe ich folgende Tipps:

- Trage den Alarm am Körper; so kannst Du auch bei einer eventuellen Flucht weiterhin auf Deine Notlage aufmerksam machen.

- Probiere den Alarm ab und zu aus, bis Du Dich an die Handhabung und an das Alarmsignal gewöhnt hast. Wenn Du das Gerät in einer Angriffssituation verwendest, soll sich schließlich nur der Angreifer erschrecken, nicht Du selbst.

- Kontrolliere regelmäßig, ob der Alarm noch funktioniert. Es wäre fatal, wenn Du in einer Angriffssituation auf den Alarm setzt und plötzlich merkst, dass er gar nicht funktioniert. Denn zum einen entgeht Dir dann die Chance, andere auf Deine Situation aufmerksam zu machen; zum anderen bist Du dann vielleicht kurz irritiert. Beides würde dem Angreifer einen Vorteil verschaffen.

Was Du zum Pfefferspray wissen musst

Pfefferspray wirkt im Idealfall umgehend und etwa 30 bis 60 Minuten lang. Die Reichweite beträgt 5 bis 6 Meter.

Man unterscheidet zwischen Strahlform, Nebelform und Schaumform. Ich bevorzuge die Strahlform; ob als Spray oder Gel, ist unerheblich. Daneben gibt es noch das sogenannte Reizgas, auch CS-Gas oder CN-Gas genannt. Dieses ist meiner Erfahrung nach nicht so wirkungsvoll wie das Pfefferspray und daher nicht zu empfehlen.

Pfefferspray kann die Angriffslust mindern und ein Fluchtverhalten fördern, denn die möglichen körperlichen Folgen sind äußerst unangenehm: brennende und schmerzende Augen, krampfartiger Verschluss der Augenlider, Atemnot, Husten, Hautschwellungen und Juckreiz. Hinzu können Orientierungslosigkeit, Handlungsunfähigkeit und Angstzustände kommen.

In bestimmten Fällen kann der Einsatz von Pfefferspray auch lebensgefährliche Folgen haben, zum Beispiel bei Asthma oder Herzerkrankungen.

Manchmal bleibt das Pfefferspray allerdings auch wirkungslos. Im Dienst habe ich selbst schon mehrfach erleben müssen, dass das Spray den Angreifer in keiner Weise abgehalten hat, sein Tun fortzusetzen … Um die Wahrscheinlichkeit zu steigern, dass die erwünschte Wirkung eintritt, kommt es auf die richtige Handhabung an. Beachte Folgendes, wenn Du Dich zum Kauf von Pfefferspray entschließt:

- Kaufe gleich 2 Spraydosen, eine zum Ausprobieren und eine für den Ernstfall. Notiere das Ablaufdatum und sorge rechtzeitig für Ersatz.

- Mache Dich so schnell wie möglich mit dem Gebrauch des Sprays vertraut.

- Stelle sicher, dass das Spray im Ernstfall sofort griffbereit ist, speziell, wenn Du Dich in unübersichtlichen Situationen befindest (zum Beispiel, wenn Du allein durch eine Unterführung, einen Park oder ein Parkhaus gehst).

So trainierst Du den Umgang mit dem Pfefferspray

Übung macht den Meister, das gilt auch für den Umgang mit Pfefferspray. Je vertrauter Dir die Spraydose ist, desto besser. Du solltest natürlich sicherstellen, dass der Gebrauch von Pfefferspray für Dich nicht lebensbedrohlich ist. Hol Dir zunächst ärztlichen Rat ein, wenn Du diesbezüglich unsicher bist.

Sofern bei Dir gesundheitlich alles „im grünen Bereich" ist, kannst Du zum Üben wie folgt vorgehen:

- Stelle sicher, dass das Spray noch nicht abgelaufen ist, denn dann sind Wirkung und Funktionsweise eventuell beeinträchtigt.

- Nimm ein paar Blätter Papier (am besten DIN A4) und skizziere auf jedem Blatt ein Gesicht in Lebensgröße. Jedes Blatt ist ein Ziel.

- Befestige diese Blätter im Freien, zum Beispiel an einer Wand oder an einer Wäscheleine. Achte darauf, dass sich niemand im Umkreis befindet.

- Am besten übt es sich bei Windstille. Fall es doch etwas windig ist, versuche in Richtung des Windes zu sprühen, nicht gegen den Wind (damit Du selbst möglichst wenig Spray abbekommst).

- Wenn Du Rechtshänder bist, halte die Dose in der rechten Hand, wenn Du Linkshänder bist, in der linken Hand. Die jeweils andere Hand unterstützt den Griff.

- Bewege Dich auf das Ziel zu, bis Du nur noch 1 bis 2 Meter davon entfernt bist.

- Gezielt wird wie beim Schießen: Schaue über die Spraydose und nimm Dein Ziel ins Visier.

- Ziele auf das Gesicht, optimalerweise auf die Augen.

- Gib kurze Sprühstöße auf Dein Ziel ab (je 1 bis 3 Sekunden lang);

- Kontrolliere, ob Du getroffen hast und wiederhole die Übung so lange, bis Du sicher triffst.

In einem nächsten Schritt solltest Du den Schwierigkeitsgrad steigern, und zwar wie folgt:

- Bewege Dich beim Sprühen vom Ziel weg.

- Kontrolliere Deine Treffer. Halte dabei das Spray einsatzbereit. Wenn Du nicht getroffen hast, sprühe sofort noch ein zweites und ggf. drittes Mal.

- Wiederhole diese Abfolge, bis sie „sitzt".

Nach Abschluss der Übung solltest Du diejenigen Stellen Deines Körpers reinigen, die mit dem Spray in Berührung gekommen sind. Solltest Du Spray in die Augen bekommen haben, reinige diese mit fließendem, kaltem Wasser. Falls die Spraydose nicht leer ist und Du noch einmal damit üben willst, reinige auch die Dose gründlich.

Noch ein wichtiger Hinweis zum Schluss: Führe nie eine teilweise geleerte Dose als Abwehrmittel mit, denn die darin enthaltene Menge ist für den Ernstfall vielleicht zu wenig!

Solltest Du je in die Lage geraten, das Spray einsetzen zu müssen, wirst Du froh sein, dass Du den Umgang damit geübt hast!

So setzt Du das Pfefferspray im Ernstfall ein

- Am besten aus 1 bis 2 Meter Abstand sprühen.

- Möglichst auf die Windrichtung achten.

- 1 bis 3 Sekunden in das Gesicht des Angreifers sprühen, möglichst in die Augen.

- Bewege Dich vom Angreifer weg.

- Falls er Dir weiter nachstellt, setze das Spray erneut ein.

Übrigens kann der Einsatz von Pfefferspray für den Angreifer erhebliche gesundheitliche Folgen haben. Deshalb rate ich Dir, den Notruf zu wählen, sobald Du in Sicherheit bist. Denn falls der Angreifer infolge des Pfeffersprays verletzt wird oder sogar sterben sollte, könntest Du hierfür eventuell juristisch belangt werden.

Waffen im weiteren und engeren Sinn

Der Besitz und der Umgang mit Waffen ist in Deutschland nicht ohne Grund stark reglementiert. Daher sind wir zum Glück weit entfernt von amerikanischen Verhältnissen. Denn während in den Vereinigten Staaten von Amerika sogar Kinder schon lernen, wie man eine Schusswaffe bedient, hat die Mehrzahl der Menschen in Deutschland eine Schusswaffe bislang wohl höchstens von weitem gesehen. Gerade deshalb ist es aber auch in Deutschland wichtig, sich mit dem Thema Waffen auseinanderzusetzen, wenn man in der Lage sein möchte, sich oder andere in einer Notfall-Situation zu schützen.

Waffen im weiteren Sinn

Viele Alltagsgegenstände können als Waffe dienen. Schau Dich einfach einmal in Deiner Wohnung um. Und überlege Dir, welche Gegenstände Du meistens dabei hast, wenn Du unterwegs bist. Werde Dir darüber bewusst, welche dieser Dinge Du notfalls zur Verteidigung nutzen kannst. Umgedreht kann ein solcher Gegenstand in den Händen eines Angreifers auch gegen Dich eingesetzt werden. Um Deinen Blick hierfür zu schärfen, nenne ich im Folgenden einige Beispiele.

- **Kugelschreiber**

  Ein Kugelschreiber ist meistens lang und spitz – ideal also, um damit jemanden zu verletzen. Bei zielgerichteter Anwendung kann man mit diesem unscheinbaren Gegenstand erheblichen Schaden anrichten. Mögliche effektive Ziele sind Augen, Schultergelenke oder Rippen des Angreifers.

- **Zeitschrift**

  Auch eine Zeitschrift kann als Waffe eingesetzt werden. Fest zusammengerollt, wird sie zum Schlagstock – sogar eine Autoscheibe ließe sich damit zertrümmern. Mit Klebeband wird sie noch stabiler.

- **Schlüssel**

  Wer unterwegs ist, hat meistens einen Schlüssel dabei. In einer Notsituation kann man diesen so in die Faust nehmen, dass das lange Ende herausragt. Effektive Ziele sind das Gesicht (insbesondere die Augen) oder der Hals.

- **Taschenlampe**

  Eine möglichst hell leuchtende Taschenlampe kann für die Selbstverteidigung sehr nützlich sein. Je nach Form kann man sie als Schlaginstrument einsetzen, am besten gegen den Kopf. Zudem eignet sie sich auch dazu, sein Gegenüber zu blenden, was für eine Flucht von Vorteil sein kann.

Waffen im engeren Sinn

Waffen im engeren Sinn sind kein Bestandteil meines Schutzkonzepts, und zwar aus 2 Gründen:

- Das Schutzkonzept ist für jedermann gedacht. Die meisten Menschen in Deutschland führen aber keine Waffen im engeren Sinn mit sich, schon allein aufgrund der strengen gesetzlichen Vorgaben.

- Zudem wäre es völlig unseriös zu suggerieren, der Umgang mit einer Waffe im engeren Sinn ließe sich schnell erlernen. Um eine solche Waffe routiniert bedienen zu können, benötigt man umfangreiches Fachwissen und regelmäßiges, ausgiebiges Training. Auch das ist für die meisten Menschen unrealistisch.

Dennoch führt der ein oder andere eine Waffe im engeren Sinn mit sich. Gewalttäter sind sogar sehr häufig im Besitz einer solchen Waffe. Daher werde ich trotz der oben genannten Einschränkungen im Folgenden kurz auf derartige Waffen eingehen.

- **Schusswaffen und Schreckschusswaffen**

  Der Gebrauch herkömmlicher Schusswaffen ist in Deutschland, wie bereits eingangs erwähnt, stark reglementiert. Zu deren Anwendung werde ich daher hier keine Ausführungen machen.

  Für eine Schreckschusswaffe hingegen benötigt man lediglich einen sogenannten kleinen Waffenschein. Je nach Bundesland und Stadt sind unterschiedliche Stellen für die Ausstellung zuständig. Dort erhält man auch Informationen über die Anforderungen, die zu erfüllen sind. Wer im Besitz eines Waffenscheins ist, sollte diesen stets griffbereit mit sich führen.

  Wichtig ist es, sich darüber bewusst zu sein, dass sich Schusswaffen und Schreckschusswaffen manchmal kaum unterscheiden lassen. Wenn Du eine Schreckschusswaffe hast, weißt Du natürlich, dass es „nur" eine solche ist – ein eventuelles Gegenüber weiß dies jedoch nicht. Somit kann eine Schreckschusswaffe abschreckend wirken, oder aber erst recht provozieren, falls Dein Gegenüber irrtümlicherweise meint, er sei in Lebensgefahr.

  Eine Verwechslungsgefahr besteht natürlich auch, falls Du es mit der Polizei zu tun bekommst und die Schreckschusswaffe hierbei in Erscheinung tritt. Du musst dann alles tun, um klarzustellen, dass es sich lediglich um eine Schreckschusswaffe handelt. Falls die Polizei nämlich zu dem Schluss kommt, dass von Dir eine unmittelbare Gefahr ausgeht, kann dies für Dich unangenehme Folgen bis hin zu einer Schussabgabe haben.

Weiter werde ich hier auf Schusswaffen nicht eingehen, da eine adäquate Darstellung des Themas dieses Buch sprengen würde. Wenn Du Dich für die Funktionsweise von Schusswaffen interessierst, empfehle ich Dir, zum Beispiel einem Schießsportverein beizutreten.

- **Schlagstock**

Das Mitführen und der Einsatz von Schlagstöcken ist im zivilen Bereich verboten. Trotzdem zeigt die Erfahrung, dass viele Schlagstöcke im Umlauf sind. Insbesondere ausziehbare Schlagstöcke sind in gewissen Kreisen weit verbreitet, denn sie sind gut verdeckt zu tragen, relativ einfach zu verwenden und wirken auf das Gegenüber meist äußerst furchteinflößend.

- **Schlagring**

Der Schlagring ist leicht mitzuführen und kann zu tödlichen Verletzungen führen. Daher zählen auch Schlagringe in Deutschland zu den verbotenen Waffen. Falls Du angegriffen wirst und plötzlich einen Schlagring in der Hand des Angreifers siehst, gilt „Alarmstufe Rot", denn hier besteht für Dich potenziell Lebensgefahr.

- **Elektroschocker**

Elektroschocker sind im zivilen Bereich ebenfalls verboten. Selbst innerhalb der deutschen Polizei ist der Einsatz von Elektroschockern sehr umstritten, obwohl er sich bei Polizeien im Ausland als äußerst wirksames Instrument erwiesen hat. Doch nicht nur, weil es verboten ist, sondern auch aus pragmatischen Gründen würde ich von dem Versuch abraten, sich ohne jegliches Fachwissen mit dem Elektroschocker zu verteidigen: Wenn ein solcher Versuch nicht erfolgreich verläuft, seid Ihr das Gerät los. Der Angreifer wird Euch nämlich überwältigen, und, wenn Ihr Pech habt, den Elektroschocker gegen Euch einsetzen.

- **Messer: Ein Sonderfall**

Messer sind leicht verfügbar und werden aus diesem Grund häufig mitgeführt. Ich rate davon aber ausdrücklich ab. Zum einen ist das Mitführen bestimmter Messer verboten. Zum anderen ist die Gefahr sehr hoch, dass das Messer Dir in einer Angriffssituation entrissen und gegen Dich eingesetzt wird. Dann bist Du in Lebensgefahr.

Da es leider vermehrt zu Messerangriffen kommt, habe ich diesem Thema einen eigenen Abschnitt gewidmet, den zu lesen ich Dir dringend empfehle (Abschnitt „Messer-Angriffe", ab Seite 78).

Sonderfälle in der Selbstverteidigung

Das hier vorgestellte Schutzkonzept enthält Techniken, mit denen man sich in vielen Angriffssituationen zur Wehr setzen kann. Es gibt jedoch bestimmte Angriffsarten, die gesondert zu betrachten sind, weil sie besondere Gefahren und Risiken mit sich bringen:

Sonderfall 1: Raub-Überfälle

Wer bis hierhin gründlich gelesen hat, weiß mittlerweile: Bei Angriffen sollte man fliehen. Ist dies zunächst nicht möglich, sollte man versuchen, den Angreifer aus dem Konzept bringen, um letztlich doch noch fliehen zu können.

Bei Raubüberfällen gilt das nicht. Hier sollte man weder flüchten noch sich zur Wehr setzen. Auch kann es äußerst nachteilig sein, wenn man in einer solchen Situation versucht, den Angreifer aus dem Konzept zu bringen. Denn der Angreifer braucht meist kurzfristig und dringend Geld, zum Beispiel, um Drogen zu beschaffen. Sein Motiv ist also, sich zu bereichern. Nicht mehr und nicht weniger. Da andere ihr Eigentum in der Regel aber nicht freiwillig hergeben, ist der Angreifer auf ein Druckmittel angewiesen, deswegen droht er mit der Waffe. Die Wahrscheinlichkeit, dass er die Waffe aber auch anwendet, ist sehr gering, so lange er bekommt, was er will.

Solltest Du jemals in eine solche Situation geraten, empfehle ich Dir also: Erfüll dem Angreifer seinen Wunsch. Reagiere hierbei weder zu schnell noch zu langsam. Denn handelst Du zu schnell, könnte er das Gefühl haben, dass er die Lage nicht im Griff hat. Handelst Du hingegen zu langsam, verliert er wahrscheinlich die Geduld. Wichtig ist: der Angreifer muss das Gefühl haben, dass er die Kontrolle hat. Das kannst Du ihm auch mit wenigen Worten bestätigen, zum Beispiel, indem Du sagst: „Ja, Du bekommst alles, was Du willst." Danach wird er wahrscheinlich so schnell wieder verschwinden, wie er aufgetaucht ist.

Jetzt fragen sich vielleicht viele: „Was? Ich soll mich also einfach ausrauben lassen?"

Ja – wenn Ihr nicht verletzt werden wollt. Und darum geht es ja in diesem Buch – wie bleibt Ihr möglichst sicher. Und nicht darum, wie Ihr Euer Geld oder Euer Smartphone beschützt. Denkt daran: Geld und Smartphone sind ersetzbar. Euer Leben nicht.

Sonderfall 2: Messer-Angriffe

Vor einem Angreifer mit Schusswaffe hat wohl fast jeder panische Angst. Ist die Waffe hingegen ein Messer, glauben viele, dass der Angreifer damit nicht viel Schaden anrichten kann. Das ist ein riesengroßer Irrtum! Daher komme ich um Ausführungen zu diesem Thema nicht umhin.

Das wichtigste vorab: Suche nach Möglichkeit sofort das Weite, wenn Du jemanden mit einem Messer gegenüberstehst!

Warum sind Messer so gefährlich?

- Messer zählen zu den in Deutschland am meisten verbreiteten Waffen überhaupt, denn sie sind leicht erhältlich und lassen sich unauffällig mitführen. Rechne immer damit, dass jemand ein Messer mit sich führt. Sollte es nicht so sein – Glück gehabt!

- Messer-Angriffe geschehen oft heimtückisch, zum Beispiel, indem von hinten zugestochen wird. Bevor Du also überhaupt bemerkst, was abläuft, bist Du vielleicht schon schwer oder sogar tödlich verletzt. Es ist kaum möglich, sich in einer solchen Situation mit einfachen Mitteln selbst zu schützen.

- Doch selbst, wenn Du Dich noch wehren kannst – schon der erste Versuch der Abwehr kann dazu führen, dass Deine Sehnen und Muskeln zerschnitten werden. Der Kampf ist dann theoretisch schon entschieden.

Es ist schier unmöglich, guten Gewissens Tipps zu geben, wie man sich bei einem Messer-Angriff am besten verhält. Wer dennoch behauptet, „todsichere Tipps" für eine solche Situation zu haben, ist schlichtweg unseriös und stellt meines Erachtens selbst eine Gefahr für andere dar. Denn es wäre absolut fatal, sich einem mit einem Messer ausgestatteten Angreifer überlegen zu fühlen, nur weil man vorher ein paar Videos gesehen oder in einem Studio Selbstverteidigung geübt hat.

Natürlich gibt es Techniken, mit denen es grundsätzlich möglich ist, ein Messer abzuwehren. Das Problematische ist, dass man sie unter realen Bedingungen kaum üben kann. Denn das würde bedeuten: Mit einem echten Messer zu üben … unter Todesangst zu üben … weiter zu trainieren, wenn man bereits Stich- und andere Verletzungen hat ... Ein derartiges Training kann ich niemandem nahelegen.

Eine Messer-Angriff unversehrt zu überstehen, ist letztlich leider reine Glückssache – das ist die traurige Wahrheit. Wichtig ist mir aber, dass Du Dir wenigstens der Gefahr bewusst bist. Denn wenn Du dem Angreifer völlig naiv begegnest, stehen Deine Chancen noch schlechter.

Messer-Angriffe: Typische Szenarien

Du siehst, dass der Angreifer ein Messer hat, aber noch zu weit entfernt ist, um Dich verletzen zu können.

Der Angreifer ist außer Reichweite

- Du solltest jetzt umgehend die Flucht ergreifen.
- Falls Du nicht fliehen kannst, halte Ausschau nach Gegenständen, die als schützende Blockade dienen können. In einem Restaurant kannst Du Dich zum Beispiel hinter einen Tisch begeben, auf einem Parkplatz hinter ein Auto, beim Einkaufen den Einkaufswagen nutzen.
- Als nächstes musst Du Aufmerksamkeit erzeugen. Falls Du einen Taschenalarm hast, kannst Du diesen aktivieren. Du kannst laut schreien, damit andere Deine Notlage bemerken. Wichtig ist, die Wörter „Messer", „Polizei" und „Hilfe" zu verwenden, damit andere die Situation richtig einschätzen können. Hier ein Beispiel:

  „Hilfe! Ich werde angegriffen! Mit einem Messer! Rufen Sie die Polizei!"

- Du kannst auch den Täter anschreien, eventuell lässt er sich noch irritieren: „Messer weg!"

Ab einer Distanz von etwa einem Meter kann der Angreifer Dich mit dem Messer unmittelbar verletzen.

- Auch hier gilt: Zuerst die Flucht anstreben.
- Ist das nicht möglich, versuche, ein Hindernis zwischen Dich und den Angreifer zu bringen.

Kannst Du weder flüchten noch ein Hindernis nutzen, wird es brenzlig. Selbst wenn Du es schaffst, den ersten Hieb abzuwehren, wirst Du wahrscheinlich spätestens beim zweiten Stichversuch verletzt werden.

Vielfach wird in der Selbstverteidigung gelehrt, dass man einen Messerangriff mit einem Griff an den Arm des Angreifers abwehren kann. Angeblich geht dieser dann in Folge einer Armverdrehung direkt zu Boden. Das ist, mit Verlaub, Schwachsinn – ganz gefährlicher Schwachsinn! Falls Du je in eine solche Situation gerätst und Dich dann auf die Armverdrehung verlässt, hast Du schon verloren. Denn selbst, wenn Du es schaffen solltest, den messerführenden Arm mit einer Hand oder gar mit beiden Händen zu greifen, kann ich Dir garantieren, dass Du nicht in der Lage sein wirst,

Der Angreifer ist in Reichweite den Arm festzuhalten. Außer vielleicht, Du hast Arme wie Schraubstöcke … Also, was tun in dieser Lage?

Ich rate Dir, 3 Dinge im Auge zu behalten. die zur Verfügung stehende Zeit, das Konzept des Angreifers (das Du stören musst) und die Frage, wie Du den Täter handlungsunfähig machen kannst. Doch der Reihe nach.

- Auch wenn es weh tun wird, musst Du versuchen, Dich direkt beim ersten Stich zu schützen, denn der Angreifer wird sowieso zustechen. Verwende hierzu die Außenseite Deiner Unterarme (wenn Du die Innenseite verwendest, besteht die Gefahr, dass der Angreifer Deine Pulsadern aufschlitzt). Die Handflächen zeigen zum Gesicht.

- Falls es sich ergibt, dass Du das Messer greifen kannst, bevor es in Deinem Körper steckt, greife hart und schnell zu. Und nur ein einziges Mal. Wenn es jetzt nicht klappt, wird es auch beim nächsten Mal nicht klappen.

- Du wirst jetzt wahrscheinlich verletzt sein. Trotzdem musst Du versuchen, den Angreifer handlungsunfähig zu machen, wenn Du nicht Deinen Tod riskieren willst.

Gelegentlich gibt es Situationen, in denen man mit dem Angreifer zu Boden geht und erst dann erkennt, dass er ein Messer hat.

- Falls die Chance besteht, die Distanz zum Angreifer zu verringern, ist dies die erste Wahl. Andernfalls bleibt Dir nur noch die Möglichkeit, zu versuchen, den messerführenden Arm festzuhalten oder zumindest in seiner Bewegung zu stören. Das kann Dir ein paar Sekunden schenken.

Messerkampf auf dem Boden

- In dieser Zeit musst Du versuchen, den Angreifer handlungsunfähig zu machen. Das heißt: attackiere die Schwachstellen – und zwar so schnell und so hart wie möglich. Du darfst in einem solchen Moment wirklich nicht zögern, jede Chance zu ergreifen, die sich bietet, den Angreifer zu stoppen. Andernfalls ist leider die Wahrscheinlichkeit hoch, dass Du schwer oder sogar tödlich verletzt wirst.

Der ein oder andere mag sich fragen, ob es nicht rechtliche Folgen haben kann, wenn ein Angreifer von seinem vermeintlichen Opfer verletzt oder gar getötet wird. Solche Folgen sind in der Tat nicht ausgeschlossen, wie der Beitrag des Rechtsanwalts und Strafverteidigers Frank Hannig in diesem Band zeigt (ab Seite 95). Doch in einer Situation, in der es um Leben und Tod geht, hast Du wahrscheinlich sowieso nicht allzu viel Zeit, abzuwägen, ob Du lieber um Dein Leben kämpfen oder den Angreifer möglichst schonend behandeln willst. Ich jedenfalls würde mich immer für mein Leben entscheiden.

Übrigens werde ich oft gefragt, ob es sinnvoll ist, eine Schusswaffe mit sich zu führen, um für einen möglichen Messer-Angriff besser gewappnet zu sein. In den allermeisten Fällen kann ich nur davon abraten.

Nehmen wir einmal an, Du bist, mit einer Schusswaffe ausgestattet, unterwegs. In der Öffentlichkeit wirst Du die Schusswaffe in aller Regel verdeckt tragen wollen. Also zum Beispiel im Hosenbund, unter der Jacke oder in der Tasche.

Jemand entschließt sich, Dich mit dem Messer zu attackieren. Jetzt kommt die sogenannte 7-Meter-Regel zum Tragen: Befindet sich der Angreifer in einem Radius von bis zu 7 Metern, wird er zustechen können, bevor Du es schaffst, auf den Angreifer zu schießen. Dies gilt umso mehr, wenn Du das Schießen nicht regelmäßig trainierst.

Bei einem Messer-Angriff ist eine Schusswaffe vor allem für Ungeübte also vollkommen nutzlos. Und gelingt es dem Angreifer, Dir die Schusswaffe abzunehmen, bist Du doppelt im Nachteil.

Sonderfall 3: Angriffe unter Alkohol- und Drogeneinfluss oder durch psychisch schwer erkrankte Angreifer

In der Diskussion von Angriffssituationen wird oft vernachlässigt, dass manche Angreifer unter Alkohol- oder Drogeneinfluss stehen oder aber psychisch schwer erkrankt sind. Solche Angriffe sind oft besonders grausam oder bizarr, weshalb sie regelmäßig großes Aufsehen erregen – vor allem bei denjenigen, die sich mit Suchterkrankungen und psychischen Erkrankungen nicht auskennen, was wohl auf die meisten zutrifft. Das bedeutet aber, dass hier ein großes Wissensdefizit besteht.

Vielleicht hattest Du also bislang einfach Glück: Alkohol- und Drogensucht oder schwere psychische Erkrankungen wie Psychose oder Schizophrenie sind Dir fremd; auch Familie, Freunde und Bekannte haben nicht damit zu kämpfen. Das ist zwar einerseits ein Grund zur Freude, birgt aber andererseits die Gefahr, dass Du die Wirkungsmacht von Alkohol, Drogen oder bestimmten psychischen Erkrankungen unterschätzt. Und das wiederum ist nicht unbedingt von Vorteil, wenn Du eines Tages doch damit zu tun bekommst. Deswegen ist es mir wichtig, Dich mit diesem Thema ein wenig vertraut zu machen.

Eines muss ich jedoch unbedingt klarstellen: Nicht jeder, der ein Problem mit Alkohol oder Drogen hat oder der psychisch erkrankt, wird automatisch zum Gewalttäter. Tatsächlich ist nur bei einer geringen Zahl von Gewalttaten die hauptsächliche Ursache in Drogen, Alkohol oder einer schweren psychischen Erkrankung zu finden. Hinzu kommt, dass die Mehrheit der Opfer den Tätern nahestehen; denn die meisten tätlichen Angriffe finden im Familien-, Freundes- und Bekanntenkreis statt. Im öffentlichen Leben sind vor allem Menschen gefährdet, die aus beruflichen Gründen mit bestimmten Personengruppen konfrontiert werden, zum Beispiel Ärzte, Busfahrer oder Polizeibeamte. Doch auch wenn die Wahrscheinlichkeit gering ist, als Unbeteiligter Ziel eines solchen Angriffs zu werden, sollte man sich mit diesem Phänomen beschäftigen. Denn im Ernstfall ist es zu spät, um lange über die Situation nachzudenken.

Und nun zur Sache: Wer sich einem Angriff ausgesetzt sieht, kennt weder die Krankenakte des Angreifers, noch dessen körperliche oder geistige Verfassung. Es ist erst einmal nur ein Angreifer, der einem da gegenübersteht. Allerdings zeigt die Praxis, dass man mit ein wenig Vorwissen in der Regel schnell merkt, ob der Angreifer irgendwelche schädlichen Substanzen zu sich genommen hat oder psychisch beeinträchtigt ist – oder ob er ein gezielt vorgehender Gewalttäter ist.

Im Folgenden habe ich einige wichtige Anzeichen zusammengestellt, die dabei helfen können, den Zustand eines Angreifers einzuordnen. Bitte beachte aber, dass keines der Anzeichen hundertprozentige Aussagekraft besitzt. Aber hier geht es ja auch nicht darum, eine ärztliche Diagnose zu stellen, sondern darum, den Blick zu schärfen, um sich besser auf die Situation einstellen zu können.

Folgende Auffälligkeiten können auf Alkoholmissbrauch, Konsum von Drogen oder schwere psychische Erkrankungen hinweisen:

- Starker Geruch nach Alkohol

- Schwankender oder unsicherer Gang

- Schleppende, undeutliche Sprechweise oder zu schnelles Sprechen

- Gerötete oder tränende Augen, verengte oder geweitete Pupillen, hektische oder unwillkürliche Augenbewegungen

- Blutende, verstopfte oder laufende Nase; häufiges Anfassen der Nase

- Trockener Mund; häufig in Verbindung mit starkem Schmatzen oder Lecken der Lippen, um diese zu befeuchten

- Zitternde Hände

- Starkes Schwitzen

- Einstichspuren, verdunkelte Venen und blaue Flecken

- Rastloses Verhalten

- Verminderte oder übersteigerte Mimik und Gestik

- Irrationale Äußerungen

Was ist nun die besondere Gefahr, die von derart beeinträchtigten Angreifern ausgeht?

Normalerweise halten instinktive Hemmschwellen uns davon ab, anderen Leid zuzufügen. Ein Übermaß an Alkohol, der Missbrauch von Drogen, aber auch bestimmte psychische Erkrankungen können dazu führen, dass diese Hemmschwellen gesenkt oder außer Kraft gesetzt werden. Ein entsprechend beeinträchtigter Angreifer ist also von vornherein viel gefährlicher als ein „normaler" Angreifer. Er wird mit großer Wahrscheinlichkeit brutaler und skrupelloser sein; die Folgen seines Handelns sind ihm vollkommen egal.

Für den Verlauf des Angriffs kann es von entscheidender Bedeutung sein, was den Täter antreibt:

- Ein stark alkoholisierter Angreifer ist oft motorisch eingeschränkt und gerät schnell außer Gleichgewicht; dies kann Dir einen Vorteil verschaffen, denn Du kannst den Angreifer vielleicht schnell zu Boden bringen.

- Drogen hingegen steigern kurzfristig die Leistungsfähigkeit und blockieren das Schmerzempfinden. Ein unter Drogen stehender Angreifer lässt sich nur aufhalten, wenn er körperlich außer Kraft gesetzt wird, zum Beispiel durch einen Angriff gegen das Knie.

- Ein Mensch, der infolge einer akuten Psychose gewalttätig wird, ist von wahnhaften Vorstellungen getrieben, etwa, vom Teufel besessen zu sein oder rund um die Uhr verfolgt zu werden. Die krankheitsbedingten Impulse werden zwanghaft befolgt; sie können etwa in dem „Auftrag" münden, die nächstbeste Person anzugreifen. Ein solcher Angreifer ist nicht mehr „Herr seiner Sinne" und deswegen viel schwerer einzuschätzen als ein „normaler" Gewalttäter, der gezielt vorgeht und insoweit in gewisser Weise berechenbar ist.

Es hat also durchaus seine Berechtigung, sich bei einem Angriff die Frage zu stellen, ob der Angreifer eventuell in irgendeiner Weise beeinträchtigt ist – oder aber ob es sich vermutlich um einen gezielt vorgehenden Gewalttäter handelt. Du kannst dann Dein weiteres Verhalten entsprechend anpassen.

Abschließend schildere ich noch 2 Vorfälle, die ich selbst erlebt habe; sie veranschaulichen die Bedeutung von Alkohol, Drogen und psychischen Erkrankungen in Angriffssituationen.

Beispiel 1: Mann gegen Mann

Nach einem Besuch in einer Diskothek waren meine Freunde und ich auf dem Weg zum Auto. Es passierte direkt vor dem Eingang. Völlig unerwartet wurde ich von hinten geschubst, so dass ich Probleme hatte, nicht auf dem Boden zu landen. Meine Freunde waren perplex bis zur Handlungsunfähigkeit. Ich drehte mich um. Vor mir stand ein augenscheinlich sehr sportliches Kraftpaket.

Der Typ redete sehr schnell, ohne Punkt und Komma, aber dennoch sehr deutlich: Was ich mir einbilde; ob ich hier den Macker machen wolle; ich solle mich verpissen. Mimik und Gestik waren schnell und unkontrolliert. Ich erkannte, dass der Typ unter Drogen stand. Dem ungewöhnlich aufgepumpten Körper zufolge nahm er vielleicht auch andere Substanzen zu sich, zum Beispiel Amphetamine. Alles ging blitzschnell. Ich konnte nichts erwidern, um eventuell einer Eskalation aus dem Weg zu gehen. Denn der nächste Angriff kam schon.

Weder seine Bekannten noch meine Freunde mischten sich ein. Zum Glück. Denn dann wäre alles noch weiter eskaliert.

Er kam auf mich zu und schlug mit beiden Fäusten auf mich ein. Ich wehrte ab und wurde trotzdem einmal getroffen. Danach hatte ich eine gute Position, die zufällig aus der Dynamik der Bewegungen entstand. Ich schlug ihn mit der rechten flachen Hand direkt auf das linke Ohr. Damit wurde sein Gleichgewichtssinn kurzfristig ausgeschaltet, und er fiel zu Boden. „Kampf vorbei", dachte ich. Aber das war falsch gedacht.

Zack, da war er wieder! Wie ein Stehaufmännchen. Nun begann es erst richtig. Mit wilden Schlägen und Gebrüll ging er auf mich los. Da seine Angriffe jetzt wütend und unkontrolliert kamen, hatte ich gute Möglichkeiten, auszuweichen. Ich schlug nun ebenfalls härter zu. Dabei landete ich mehrere Treffer, er ging zweimal zu Boden, stand aber wieder auf.

Jetzt rangen wir ganz eng miteinander und gingen dabei beide zu Boden. Wir kämpften gefühlt eine Ewigkeit, dann konnte ich endlich die Oberhand gewinnen und befreite mich. Ich stand schnell auf – er auch. Plötzlich kam mir ein bislang Unbeteiligter zu Hilfe. Es handelte sich um einen Laternenmast. Ich schleuderte den Typen mit dem Kopf dagegen und verpasste ihm einen Tritt ins Knie. Erneut fiel er um. Jetzt blieb er am Boden. Der Kampf war vorbei. Knietritt sei Dank.

Der Angreifer blutete wie verrückt und jammerte über sein Knie. Rettungskräfte trafen ein; auch diesen gegenüber wurde er gewalttätig. Dies war der letzte Beweis, dass er wahllos nach Opfern gesucht hatte.

Beispiel 2: Zwei gegen einen

Ich besuchte ein Dorffest und wollte eine Toilette aufsuchen. Auf dem Weg dorthin bemerkte ich in einer Ecke 3 Männer. Einer stand in der Ecke, die anderen beiden standen direkt vor ihm. Der Typ in der Ecke war schmächtig und blass. Die zwei anderen redeten auf ihn ein und versetzten ihm immer wieder Ohrfeigen. Der schmächtige Typ wehrte sich nicht, er hatte große Angst. Sofort machte sich mein „Robin-Hood-Gen" bemerkbar.

Ich rannte also hin und sah, dass beide Typen stark alkoholisiert waren. Als erstes schubste ich den aggressiveren der beiden Typen mit einem kräftigen Stoß zur Seite, woraufhin er mich verwundert ansah. Dann forderte ich beide lautstark auf, diese Faxen zu lassen.

Nun pöbelte mich einer der beiden aggressiven Typen mit den Worten an, ob ich etwa der nächste sein wolle. Nach diesem Satz kam er auf mich zu und holte zum Schlag aus. Es klatschte, und zwar an seinem Ohr, denn ich war schneller. Er fiel um. Sein Kumpel war jetzt wie gelähmt und starrte mich hilflos an. Ich sagte ihm, er solle seinen Müll aufsammeln und sich trollen. Das tat er dann auch, und schlich sich mit seinem Kumpel fort.

Der Schmächtige war, abgesehen von einer kaputten Brille und einer blutigen Lippe, ganz ok. Er wirkte erleichtert, bedankte sich bei mir und zog ebenfalls von dannen. Auch ich war erleichtert. Denn nun konnte ich endlich dahingehen, wo ich eigentlich hinwollte.

Körperliche Auseinandersetzungen unter Einfluss von Alkohol und Drogen können also ganz unterschiedlich ablaufen. Vielleicht behälst Du die Oberhand, oder Du liegst plötzlich am Boden. Der Kampf kann schnell vorbei sein oder länger dauern. Die Sache kann blutig oder unblutig enden. Egal, in was für eine Lage Du auch gerätst: Es geht immer darum, Dich selbst zu schützen oder jemand anderen. Nicht immer ist ein Gegenangriff die Lösung. Stattdessen musst Du im Ernstfall eine Entscheidung treffen. Wirst Du Dich gegenüber dem Angreifer mit einer gewissen Wahrscheinlichkeit tatsächlich durchsetzen können? Falls ja, dann nur zu! Kommst Du aber zu dem Schluss, dass Du der Situation vermutlich nicht gewachsen bist, dann ist es besser, so schnell wie möglich zu flüchten bzw. Hilfe zu holen.

Sonderfall 3: Angreifer mit ansteckenden Krankheiten

Bei körperlichen Auseinandersetzungen besteht die Gefahr, mit dem Blut, den Sekreten oder den Ausscheidungen des Gegenübers in Kontakt zu kommen. Nicht selten wird man zum Beispiel angespuckt oder gebissen. Dies kann äußerst gefährlich sein, wenn der Angreifer bestimmte ansteckende Erkrankungen hat. Daher ist es in einigen Berufsgruppen üblich, sich vorbeugend impfen zu lassen, und sich nach einer körperlichen Auseinandersetzung mit eventueller Ansteckungsgefahr zum Arzt zu begeben. Auch Du solltest also überlegen, ob Du durch Impfungen hinreichend geschützt bist, und Dich nach einem Angriff ggf. ärztlich untersuchen lassen. Beide Schritte sind Bestandteil eines guten Schutzkonzepts.

Vorsicht vor Spucke, Blut und Co.

Durch etwas Spucke oder ein paar Tropfen Blut kann man sich schwerwiegende Erkrankungen „einfangen", hier einige Beispiele:

HIV (Humanes Immundefizienz-Virus)

Bei einer HIV-Erkrankung werden die körpereigenen Abwehrkräfte geschädigt. Dem Körper gelingt es nicht mehr, Bakterien, Pilze oder Viren zu bekämpfen, was letztlich zum Tod führen kann. Mittlerweile gibt es Medikamente, die bei HIV eingesetzt werden, heilbar ist die Erkrankung aber derzeit nicht.

Hepatitis (Leber-Entzündung)

Von Hepatitis spricht man, wenn die Leber entzündet ist. Die häufigste Ursache für eine Leber-Entzündung ist eine Ansteckung mit Viren. Je nachdem, welcher Virus ursächlich ist, kann die Erkrankung akut oder chronisch sein. Hepatitis verläuft manchmal zunächst unbemerkt; eine fehlende oder zu spät einsetzende Behandlung kann jedoch zu schweren Leberschäden führen.

Tuberkulose

Tuberkulose wird durch Bakterien verursacht und führt meistens zu einer Erkrankung der Lunge, kann sich aber auch auf andere Organe ausbreiten. Tuberkulose ist zwar behandelbar, jedoch haben viele der sie auslösenden Bakterien mittlerweile Resistenzen entwickelt. Die für die Behandlung in Frage kommenden Medikamente schlagen dann nicht mehr an. Bleibt die Tuberkulose unbehandelt oder ist der Patient sehr geschwächt, können schwere Organschäden und der Tod die Folge sein.

Sonderfall 3: Angreifer mit ansteckenden Krankheiten

Amok-Situationen schienen einst nur in den Vereinigten Staaten von Amerika an der Tagesordnung zu sein. Die Liste der dortigen Amok-Läufe, vor allem an Schulen, ist leider lang

Mittlerweile muss man jedoch leider feststellen: Amokläufe oder Terror-Anschläge, früher in Deutschland kaum denkbar, können heutzutage überall und zu jeder Zeit stattfinden, also auch bei uns. Daher ist insbesondere bei Großveranstaltungen das polizeiliche Sicherheitsaufgebot in den letzten Jahren massiv verstärkt worden.

Trotzdem wird hierzulande die Gefahr nach meinen Beobachtungen von der „Normalbevölkerung" immer noch unterschätzt. Für mein Schutzkonzept heißt dies, dass es Tipps enthalten muss, wie man sich im Ernstfall am besten verhält. Ob es sich um einen Amok-Lauf oder einen Terror-Anschlag handelt, ist egal. Denn in beiden Fällen ist das Ziel dasselbe: sich in Sicherheit zu bringen.

Stichwort „Amok"

Als Amokläufe werden Angriffe bezeichnet, bei denen jemand versucht, Menschen in schneller Abfolge zu töten. Der Täter nimmt dabei in Kauf, durch einen polizeilichen Zugriff selbst getötet zu werden. Nicht selten töten sich Amoktäter auch selber, bevor sie gestellt werden können.

Die bis heute blutigste Tat ihrer Art erregte weltweites Aufsehen: der Amoklauf an der Columbine High School im US-Staat Colorado am 20. April 1999. An diesem Tag töteten Eric Harris (18 Jahre alt) und Dylan Klebold (17 Jahre alt) 12 Schüler sowie einen Lehrer und verwundeten 24 weitere Menschen. Danach töteten sie sich selbst.

Stichwort „Terror"

Auch für Terror-Anschläge ist es typisch, dass möglichst viele Menschen getötet werden sollen und der Täter bereit ist, im Zuge der Tat zu sterben. Der wichtigste Unterschied zu Amoktaten besteht darin, dass Terror-Anschläge politisch motiviert sind.

Ein Beispiel sind die Flugzeug-Entführungen vom 11. September 2001, die in Attentaten unter anderem auf das World Trade Center in New York mit Tausenden von Toten und Verletzten mündeten.

Mein Rat ist: Lies die Tipps sorgfältig und gib sie auch an andere weiter, insbesondere, falls Dein Arbeitsplatz ein Ort ist, an dem sich viele Menschen aufhalten. Denn solche Orte sind besonders gefährdet. Beispiele hierfür sind Behörden, Kinos oder Einkaufszentren.

Die Tipps, die ich hier gebe, können aber nur allgemeiner Natur sein. Je nach Ort können die notwendigen Maßnahmen genauer benannt werden. Deswegen solltest Du, wenn Dein Arbeitsplatz ein gefährdeter Ort ist, an geeigneter Stelle das Thema ansprechen und die Beratung durch einen Amok-Experten anregen. Teilweise bieten auch die Präventionsstellen der Polizei ihre Unterstützung an. Denkbar sind Übungen, Schulungen sowie Probe-Alarme. Auch Sicherheitssysteme und Notfall-Leitfäden sind wichtig, wenn man für den Ernstfall vorbereitet sein will. Der ein oder andere wird Dich vielleicht auslachen. Aber Du weißt ja: Wer zuletzt lacht …

Flucht ist das „A und O"

Egal, wo Du Dich befindest – ob in einem Gebäude, direkt vor einem Gebäude, oder auf einem öffentlichen Platz – falls Du je in einen Amok-Lauf oder eine Terror-Situation geraten solltest, ist es lebenswichtig, bestimmte Grundregeln zu kennen und umzusetzen.

Woran aber erkennt man überhaupt eine solche Gefahrensituation? Mögliche Anzeichen können sein:

- Schüsse
- Heranrasende Autos
- Rauch oder Feuer
- Schreie
- Flüchtende Menschen
- Verletzte oder Tote

Es geht also um Extremsituationen, auf die man sich nur bedingt vorbereiten kann. Präge Dir deswegen die folgenden Grundregeln gut ein, damit Du im Notfall nicht lang überlegen musst!

- **Alles stehen, liegen und fallen lassen, was Du bei Dir hast!**

  Taschen, Rucksäcke und andere Dinge behindern Dich bei dem, was in dieser Situation am wichtigsten ist: Weglaufen!

- **Sofort weglaufen, und zwar in die entgegengesetzte Richtung!**

Dies ist eigentlich eine natürliche Schutzreaktion, jedoch zeigt die Erfahrung, dass manche Menschen sich aus Neugier zuerst in Richtung des Täters bewegen. Widerstehe unbedingt diesem Impuls und laufe, so schnell und so lange Du kannst.

Falls der Täter eine Schusswaffe hast, kannst Du auch im Zickzack laufen; dies erschwert es, auf Dich zu zielen. Vermeide es in diesem Fall auch, dicht an einer Wand entlang zu laufen, denn Schüsse können dort abprallen und dann in Deinen Körper eindringen.

- **Keine Zeit vergeuden!**

Suche zum Beispiel nicht erst noch nach Freunden, die sich vielleicht in der Nähe befinden. Jede Sekunde kann über Leben und Tod entscheiden (darum ist es auch so wichtig, dass Du mit anderen über dieses Thema sprichst, damit diese im Ernstfall selbst wissen, was zu tun ist!).

Allerdings kann es sein, dass in Deiner Nähe jemand ist, der nicht alleine flüchten kann, zum Beispiel ein Kind. Oder jemand, der unter Schock steht. Versuche, solchen Personen bei der Flucht zu helfen, aber das alles muss schnell passieren!

- **Andere warnen!**

Wenn Dir beim Weglaufen andere entgegenkommen, dann fordere sie klar und deutlich auf, ebenfalls wegzulaufen, zum Beispiel mit folgenden Worten: „Schüsse! Weglaufen!"

Es kann natürlich auch sein, dass der Täter gar nicht schießt, sondern mit einem Messer, einer Axt, einem Baseballschläger oder einer Kettensäge unterwegs ist. Für den Warnruf ist das aber egal, Hauptsache, Du schaffst es, andere zur Umkehr zu bewegen.

- **Die Polizei alarmieren unter 110!**

Sobald Du eine gewisse Sicherheit erlangt hast, wähle den Notruf: 110.

Möglicherweise bricht in einer solchen Ausnahme-Situation das Mobilfunknetz zusammen. Versuche es in diesem Fall erneut.

Wenn Du die Einsatzzentrale am Apparat hast, ist es wichtig, klar und deutlich reden und genaue Angaben zum Tatort machen. Falls Du den oder die Täter gesehen hast, gib eine genaue Beschreibung ab.

- **Polizei und Rettungskräfte nicht bei der Arbeit behindern!**

  Wenn Polizei und Rettungskräfte eintreffen, darfst Du sie auf keinen Fall bei der Arbeit behindern, indem Du Dich zum Beispiel aus lauter Verzweiflung an ihnen festklammerst.

  Einsatzkräfte sind auf Amoklagen vorbereitet und haben strikte Verhaltensvorgaben. Die wichtigste Aufgabe der Polizei in dieser Situation ist es zum Beispiel, den Täter zu finden und in seinem Tun zu stoppen, um möglichst viele Leben zu retten. Es ist eine Situation voller Stress und Anspannung, auch für professionelle Einsatzkräfte. Lass sie also ihre Arbeit machen.

Auge in Auge mit dem Täter

Was aber, wenn Du gar nicht so weit flüchten kannst, sondern der Täter direkt in Deiner Nähe ist oder Du ihm sogar gegenüberstehst? Du musst wissen, dass der Täter nur ein Ziel hat: Möglichst viele Menschen zu verletzen oder zu töten.

Du musst versuchen, dem entgegenzuwirken, etwa wie folgt:

- **Nicht auf den Boden legen!**

  Wenn Du auf dem Boden liegst, wirst Du mit an Sicherheit grenzender Wahrscheinlichkeit attackiert.

- **Nicht die Arme heben!**

  Wenn Du signalisierst, dass Du Dich ergibst, ist das für den Täter eine Einladung zum Angriff.

- **Nicht still stehen bleiben!**

  Bleibe in Bewegung, auch wenn Du nicht die Möglichkeit hast, die Situation zu verlassen. Ziele, die sich bewegen, sind schwerer zu treffen, als solche, die sich nicht bewegen.

- **Keine Diskussionsversuche mit dem Täter!**

  Versuche nicht, den Täter mit Worten von seinem Plan abzubringen. Dies wird in aller Regel nicht gelingen, sondern ihn eher noch mehr provozieren.

- **Wenn es um Leben und Tod geht: Irritationsversuche**

  Wenn Du dem Täter direkt gegenüberstehst und er im Begriff zu sein scheint, Dich zu töten, kannst Du versuchen, ihn zu irritieren. Dies verschafft Dir oder anderen eventuell ein paar wertvolle Sekunden für einen Flucht-Versuch.

- Sage etwas komplett Sinnloses zum Täter, beispielsweise: „Wir sind hier in Frankreich, und in Frankreich darf nicht geschossen werden." Möglicherweise gerät der Täter kurz ins Nachdenken. Diesen Moment kannst Du nutzen, um wegzulaufen.

- Falls möglich, kannst Du den Täter auch mit einem Gegenstand bewerfen, um ihn kurz aus dem Konzept zu bringen.

- **Verstecken oder verbarrikadieren**

  Falls Du die unmittelbare Umgebung nicht verlassen kannst, hast Du noch 2 Möglichkeiten, Dich zu schützen:

  - Du kannst versuchen, Dich zu verstecken, etwa in einem anderen Raum oder in einem anderen Bereich des Geländes. Du solltest natürlich möglichst leise sein. Auch sollte Dein Handy in dieser Situation nicht plötzlich klingeln.

  - Eventuell kannst Du Dich auch in einem Raum verbarrikadieren. Das machst Du, indem Du nach Möglichkeit die Tür verschließt und zusätzlich schwere Gegenstände vor die Tür schiebst.

  - Bleib weg von Tür und Fenstern, und halte Dich auch möglichst weit von der Wand entfernt, hinter welcher Du den Täter vermutest. Denn manche Kugeln können sogar Wände durchdringen.

  - Öffne niemandem die Tür. Du kannst niemals sicher sein, ob es nicht der Täter ist. Es kann auch sein, dass der Täter der Person, die hineinwill, gerade eine Waffe an den Kopf hält. Warte, bis die Polizei die Lage unter Kontrolle hat. Die Polizei wird sich bemerkbar machen, wenn es soweit ist.

  - Wenn Du Dich mit mehreren Personen verbarrikadiert hast, sollten alle ihre Mobiltelefone ausschalten – bis auf eine Person, die den Kontakt mit der Polizei aufnimmt. Die ausgeschalteten Telefone entlasten das Mobilfunknetz und steigern zugleich die Wahrscheinlichkeit, dass sich alle möglichst ruhig verhalten.

In jedem Fall gilt: Falls Dir die Polizei entgegenkommt, ist es wichtig, dass Du die Hände offen hälst und zeigst. Die Hände also nicht in die Hosentaschen stecken und auch nicht verdecken. Andernfalls besteht die Gefahr, dass die Polizei Dich mit dem Täter verwechselt.

Fazit

Seit Beginn meiner Polizeiausbildung vor mehr als 20 Jahren habe ich immer wieder mit Menschen zu tun, die im öffentlichen Raum Opfer von mehr oder minder schweren Gewalttaten geworden sind. Die meisten dieser Menschen hätten nie damit gerechnet, in eine Angriffssituation zu geraten, und waren in diesem Moment komplett überfordert.

Natürlich wünsche ich Dir, dass Du nie in eine vergleichbare Situation gerätst. Sollte es aber doch so sein, dann hoffe ich, dass Du nicht zum Opfer wirst, sondern Dich angemessen verteidigen kannst. Du hast diesen Beitrag bis hierhin gelesen und bist somit dem Ziel, Dich zukünftig so gut wie möglich selbst zu schützen, schon ein Stück nähergekommen. Ich empfehle Dir: Leg dieses Buch jetzt nicht einfach weg, sondern verfahre so, wie auf den Seiten 23 bis 24 beschrieben.

Es ist zwar unmöglich, für alle Situationen im Leben stets gewappnet zu sein. Wenn Du jedoch die in diesem Beitrag vorgestellten Techniken verinnerlichst, vergrößert dies Deine Chancen erheblich, Dich und eventuell auch andere im Falle eines Falles schützen zu können.

Falls Du nach der Lektüre dieses Beitrags noch weitere Fragen hast, schreibe mir eine E-Mail an info@sicherheit-am-limit.de. Die wichtigsten Fragen und Antworten werde ich bei einer späteren Neuauflage berücksichtigen.

Gegenwehr – erlaubt oder verboten?
Die Selbstverteidigung aus juristischer Sicht
(von Frank Hannig)

Wer angegriffen wird, sollte sich verteidigen. Dieser Gedanke erscheint logisch und ist daher auch weitverbreitet. Vorbild für viele sind die „Helden" aus Kino und TV, die ihre Rechte mit der Faust oder auch mit der Waffe durchsetzen. Solche Szenen sind oft unterhaltsam und manchmal auch beeindruckend. Jedem sollte aber klar sein, dass ein zivilisiertes Zusammenleben auf diese Art und Weise nicht funktionieren kann.

Doch wie weit darf man in einer Verteidigungssituation gehen, ohne sich selbst strafbar zu machen? Dies ist eine Frage, die mich als Rechtsanwalt und Strafverteidiger ebenso beschäftigt wie bereits Generationen von Juristen vor mir. Denn jede Notwehr beinhaltet die Verletzung eines anderen oder eines fremden Rechts. Solche Verletzungen sind aber grundsätzlich mit Strafe bedroht. Die Grenze der Freiheit des einzelnen ist nämlich erreicht, wenn jemand anderem ein Schaden zugefügt wird.

Die Notwehrhandlung stellt eine Ausnahme von diesem Grundsatz dar. Das heißt, unter Umständen geht man straffrei aus, wenn man einen Angreifer verletzt. Die Notwehr darf allerdings kein Einfallstor für „Selbstjustiz" sein. Aus diesem Grund kann eine strafausschließende Notwehr nur unter ganz bestimmten Bedingungen geltend gemacht werden.

In der Praxis liegen gerade hier oftmals die Tücken des Einzelfalls. Als Verteidiger habe ich häufig mit Betroffenen zu tun, die glauben, in Notwehr gehandelt zu haben. Im Einzelfall stellt sich jedoch bisweilen heraus, dass aus juristischer Sicht keine Notwehr vorlag. Auch dann kann es noch unter Umständen zu einem Freispruch kommen. Denn die Gerichte sind sich natürlich darüber im Klaren, dass juristisch nicht ausgebildete Betroffene im Einzelfall nicht in der Lage sind, alle Tatbestandsvoraussetzungen der Notwehr genau zu prüfen. Gleichwohl kann man nicht einfach davon ausgehen, dass im Falle eines Falles schon „Gnade vor Recht" ergehen wird. Vielmehr sollte man sich ruhig einmal damit befassen, wann juristisch gesehen überhaupt eine Notwehr vorliegt.

Im Folgenden werde ich einige wichtige Grundzüge des Notwehr- und Notstandsrechts skizzieren. Hierbei versteht sich von selbst, dass in einem Band wie dem vorliegenden nicht alle juristischen Feinheiten des Notwehr- und Notstandsrechts dargestellt werden können. Erschwerend kommt noch hinzu, dass selbst die einschlägige Rechtsprechung teilweise zu Ergebnissen kommt, die unter Juristen umstritten sind. Doch wer bereit ist, sich bei einem Angriff zu verteidigen, sollte zumindest eine grobe Vorstellung der möglichen juristischen Folgen haben. Denn bei einer gerichtlichen Auseinandersetzung wird jede Verteidigungshandlung im Nachhinein juristisch bewertet.

Das Gewaltmonopol liegt in Deutschland beim Staat. Er hat die Aufgabe, uns zu schützen. Der Bürger soll sich in der Regel nicht selbst verteidigen müssen, sondern sich darauf verlassen, dass der Schutz und die Wahrung seiner Rechte durch staatliche Organe und Hoheitsträger gewährleistet wird. Das Recht auf Notwehr ist eine Ausnahme. Lediglich dann, wenn staatlicher Schutz nicht möglich ist, soll der Einzelne das Recht und die Möglichkeit haben, sich zu verteidigen und hierbei auch andere zu verletzen, ohne dafür bestraft zu werden.

Im Ernstfall sofort zum Anwalt!

Eine wichtige Empfehlung vorab: Sollten Sie jemals wegen einer Verteidigungshandlung juristisch belangt werden, suchen Sie sich umgehend einen kompetenten Anwalt. Denn das Thema ist komplex. Auch wenn Sie sich sicher sind, dass Sie in der jeweiligen Situation absolut korrekt gehandelt haben, kann dies vor Gericht ganz anders bewertet werden. Aus gutem Glauben oder aus Aufgeregtheit neigen viele Betroffene während der Ermittlungen dazu, viel zu reden. Damit geben sie nicht selten den Strafverfolgungsbehörden Argumente an die Hand, die im Nachhinein vor Gericht durchaus dazu führen können, dass eine eigentlich bestehende Notwehrlage vom Richter nicht mehr als eine solche erkannt wird. Anwälte gebrauchen daher gern das Sprichwort: „Reden ist Silber, Schweigen ist Gold".

Das bedeutet: Egal, was passiert ist und wie aufgewühlt man momentan auch sein mag, es ist immer ratsam, zunächst sein Recht zu schweigen zu nutzen, wenn man sich in irgendeiner Weise der Strafverfolgung ausgesetzt sieht. Erst das Gespräch mit dem Anwalt kann klären, ob und inwieweit eine Notwehrsituation vorgelegen hat – und wie diese gegenüber den Ermittlungs- und Strafverfolgungsbehörden darzustellen ist.

Notwehr bzw. Nothilfe sowie Notstand

1. Die Notwehr bzw. Nothilfe

Die Notwehr ist derjenige Rechtfertigungsgrund im Strafgesetzbuch, der am Weitesten reicht sowie die meisten und umfassendsten Abwehrrechte einräumt (§ 32 Strafgesetzbuch). Weitere Rechtfertigungsgründe ergeben sich aus dem Bürgerlichen Gesetzbuch.

Zusammengefasst lässt sich feststellen: Wer in Notwehr handelt, handelt selbst dann rechtmäßig, wenn er zur Abwehr eines Angriffs beispielsweise den Angreifer tötet. Es ist aber selbstverständlich, dass gerade diese weitreichenden Rechte an strenge Voraussetzungen geknüpft sind.

Betrachten wir § 32 des Strafgesetzbuches einmal genauer. Absatz 1 besagt: „Wer eine Tat begeht, die durch Notwehr geboten ist, handelt nicht rechtswidrig." Was bedeutet das nun konkret?

Die sogenannte „Rechtswidrigkeit" ist Teil der Prüfung eines Tatbestandes im Strafverfahren. Eine Handlung kann durchaus mit Strafe bedroht sein. Doch nur wenn die Handlung zugleich rechtswidrig war, kann man dafür verurteilt werden. Die Notwehr nach § 32 des Strafgesetzbuches regelt also einen sogenannten „Rechtfertigungstatbestand". Jemand, der in Notwehr handelt, kann unter Umständen eine strafbare – also verbotene – Tat begangen haben, diese ist aber nicht rechtswidrig. Der Notwehrleistende darf also nicht bestraft werden.

§ 32 Strafgesetzbuch

(1) Wer eine Tat begeht, die durch Notwehr geboten ist, handelt nicht rechtswidrig.

(2) Notwehr ist die Verteidigung, die erforderlich ist, um einen gegenwärtigen rechtswidrigen Angriff von sich oder einem anderen abzuwenden.

Absatz 2 besagt: Damit die Regelungen über die Notwehr greifen können, müssen 3 Voraussetzungen erfüllt sein. Der Angriff muss „gegenwärtig" sein, er muss „rechtswidrig" sein und die Art der Verteidigung muss „erforderlich" sein. Was damit genau gemeint ist, werde ich im Folgenden ausführen.

- **„Gegenwärtig"**

  Ein „gegenwärtiger" Angriff liegt nur dann vor, wenn er entweder unmittelbar bevorsteht, im Moment der Notwehrhandlung gerade ausgeführt wird oder zumindest noch nicht vollständig abgeschlossen ist. Letztlich kommt es also darauf an, sich „im Falle eines Falles" zu vergewissern, dass man tatsächlich unmittelbar angegriffen wird – dann darf man sich auch wehren. Die Abgrenzung, ob ein Angriff unmittelbar bevorsteht oder nicht, kann im Einzelfall schwierig sein. Hier muss sich wohl oder übel auf sein „Bauchgefühl" verlassen.

  Was geschieht nun, wenn man fälschlicherweise annimmt, ein Angriff stünde unmittelbar bevor, und sich dann zur Wehr setzt? Hier spricht man von sogenannten Tatbestandsirrtümern. Auch dazu gibt es gesetzliche Regelungen, die darzustellen jedoch den Rahmen dieses Beitrags sprengen würden.

  In jedem Fall abzuraten ist davon, den Angreifer anzugehen, wenn ein Angriff bereits abgeschlossen ist. Ein Angriff gilt als abgeschlossen, wenn er entweder vom Angreifer endgültig aufgegeben wurde oder wenn der Angriff fehlgeschlagen ist. Sobald sich der Angreifer abwendet, ist die Angriffssituation nicht mehr „gegenwärtig" und es besteht kein Notwehrrecht mehr.

Im Einzelfall kann es natürlich sein, dass ein erster Angriff zwar abgeschlossen ist, der Angreifer jedoch zu einer erneuten Angriffshandlung ansetzt. In diesem Fall würde eine erneute Notwehrlage bestehen mit den entsprechenden Rechten, sich zu verteidigen.

- **„Rechtswidrig"**

  Ein Angriff ist „rechtswidrig", wenn hierbei ein Rechtsgut des Betroffenen angegriffen wird. Als Rechtsgut bezeichnet man ein Gut oder Interesse, das gesetzlich geschützt ist. Beispiele für Rechtsgüter sind der Körper, das Leben, die Gesundheit, das Eigentum oder die Freiheit.

  Ein Angriff auf ein Rechtsgut ist jedoch nicht rechtswidrig, wenn die zugrundeliegende Handlung rechtmäßig ist. So berechtigt etwa das Handeln eines Polizeibeamten in Ausübung seines Dienstes nicht zur Notwehr. Wer also von einem Polizeibeamten rechtmäßig mit einem Pfefferspray angegriffen wird und meint, sich hiergegen zum Beispiel mit Schlägen oder Tritten wehren zu dürfen, irrt sich erheblich und muss mit einer Strafe rechnen.

- **Erforderliche Verteidigung**

  Voraussetzung dafür, dass eine Abwehrhandlung als Notwehr anerkannt werden kann, ist außerdem, dass die Abwehr des Angriffs objektiv erforderlich sein muss. Dies ist nur dann der Fall, wenn die Verteidigungshandlung

  – zur sofortigen und endgültigen Abwehr des Angriffs geeignet ist und

  – gleichzeitig auch das relativ mildeste Verteidigungsmittel darstellt.

Beispiel 1

Jemand greift das Rechtsgut einer anderen Person an, nämlich deren Eigentum. Er beschädigt etwa mit einem Baseballschläger den Motorroller, auf dem die andere Person gerade sitzt. Nun dürfte eine Notwehrlage vorliegen. Den Angreifer jetzt mit drastischen Worten zu beleidigen, („Du Arsch", „Penner", „Lass das, Du Schwachkopf!") wäre grundsätzlich eine Tat, die von Notwehr gedeckt sein könnte. Allerdings wären solche Beleidigungen zur sofortigen und endgültigen Abwehr des Angriffs vermutlich nicht geeignet; sie wären also bei einer genauen juristischen Betrachtung wahrscheinlich keine Notwehr und sie wären strafbar.

Beispiel 2

Eine Person beleidigt eine andere Person. Dies ist durchaus ein Angriff gegen das Rechtsgut der Ehre. Solange die Beleidigungen anhalten, handelt es sich um einen gegenwärtigen Angriff, der zur Notwehr berechtigt. Jedoch muss das gewählte Mittel zur Gegenwehr auch das relativ mildeste Verteidigungsmittel darstellen. Mit hoher Wahrscheinlichkeit wäre dies beispielsweise nicht der Fall, wenn die angegriffene Person den Angreifer erschießen würde.

Klargestellt werden muss aber auch: Man darf sich in einer Notwehrlage der zur Verfügung stehenden Mittel durchaus bedienen. Hält man etwa gerade einen Spazierstock in der Hand, kann man diesen auch einsetzen und ist nicht verpflichtet, zunächst nach einer eventuell weniger gefährlichen Waffe zu suchen.

Bei all dem sollte man sich darüber bewusst sein, dass zumindest immer dann, wenn zwischen Angriff und Verteidigung ein krasses Missverhältnis besteht, oder wenn der Angegriffene den Angriff selbst absichtlich provoziert oder in anderer vorwerfbarer Weise selbst herbeigeführt hat, die Annahme einer Notwehrlage nur sehr selten zu bejahen sein wird.

Ebenfalls ist noch zu erwähnen, dass eine Notwehrhandlung nur dann rechtmäßig sein kann, wenn sie auch ein sogenanntes „subjektives Rechtfertigungselement" enthält. Dies bedeutet: Derjenige, der sich gegen einen gegenwärtigen Angriff in Notwehr wehrt, muss sich auch im Klaren darüber sein, dass es sich um eine Notwehr handelt. Er muss sich wehren wollen. Eine Straftat zu begehen, indem man jemanden angreift, und im Nachhinein zu überlegen, ob dies eventuell eine Notwehrhandlung gewesen sein könnte, wird letztlich vor Gericht nicht zu einem Freispruch führen. Denn der Verteidigungswille ist eine wesentliche Voraussetzung für die Notwehr.

Notwehr mit der Schusswaffe

Notwehrhandlungen mit Schusswaffen werden vor Gericht besonders streng bewertet. Es besteht in den allermeisten gerichtlichen Entscheidungen zu derartigen Fällen weitgehend Einvernehmen darüber, dass die Notwehr mit einer Schusswaffe nur das allerletzte Mittel sein kann. Wenn irgend möglich, muss ein Schusswaffeneinsatz zunächst angedroht werden. Es sollen, wenn möglich, Warnschüsse abgegeben werden bzw. der Angreifer soll, wenn möglich, zunächst nur handlungsunfähig gemacht werden.

Falls man in einer (mutmaßlichen) Notwehrsituation tatsächlich von der Schusswaffe Gebrauch gemacht hat und der Angreifer hierdurch schwer verletzt oder sogar getötet wurde, sollte man sich umgehend mit einem Anwalt in Verbindung setzen. Denn gerade beim Einsatz einer Schusswaffe zur Verteidigung wird es selbst bei einer bestehenden Notwehrlage in aller Regel rechtlich kompliziert, und die rechtlichen Folgen können erheblich sein.

Flucht ist keine Notwehr

Das vorliegende Buch enthält gelegentlich den Hinweis, dass es auch Situationen gibt, denen man sich besser erst gar nicht stellt. Aus rechtsstaatlicher Sicht ist aber die Flucht im Notwehrrecht keine Alternative. Es gilt der Grundsatz: „Das Recht muss dem Unrecht nicht weichen". Man ist also nicht zur Flucht verpflichtet, auch wenn man fliehen könnte. Allerdings empfiehlt es sich, sich in einer Angriffssituation so zu verhalten, wie es die Vernunft gebietet. Und manchmal kann es vernünftig sein, die Flucht zu ergreifen.

Was gilt bei einem Angriff auf eine andere Person?

Aus § 32 des Strafgesetzbuches lässt sich auch das Recht ableiten, einen Angriff auf eine andere Person abzuwehren. Juristisch spricht man hier von Nothilfe. Die Voraussetzungen für die Nothilfe sind grundsätzlich die gleichen wie bei der Notwehr. Auch bei der Nothilfe muss ein gegenwärtiger rechtswidriger Angriff vorliegen. Der Unterschied zur Notwehr liegt darin, dass die Handlung gegen den Angreifer erfolgt, um einen Dritten zu schützen.

Als Besonderheit ist aber zu beachten: Eine Nothilfe kann nicht geltend gemacht werden, wenn sich der Angegriffene trotz einer Notwehrlage und vorhandener Möglichkeiten gegen einen Angriff nicht verteidigt oder nicht verteidigen will. Dies mag merkwürdig klingen, kommt aber in der Praxis durchaus vor, gerade innerhalb der Familie oder bestimmter Gruppierungen. Beleidigt beispielsweise ein Ehepartner den anderen oder kommt es gar zu einer Körperverletzung, würde dies grundsätzlich rechtfertigen, dem angegriffenen Ehepartner zur Seite zu springen und den gegen ihn stattfindenden Angriff im Rahmen der Nothilfe abzuwehren. Ist aber offenkundig, dass sich die angegriffene Person – aus welchen Gründen auch immer – nicht gegen den Angriff wehren will, obwohl sie dies könnte, sind die Voraussetzungen für die Nothilfe nicht gegeben.

Auch hier gilt: Im Zweifel sind Zivilcourage und der Mut, einem anderen in einer Notlage beizuspringen, begrüßenswert. Auch wenn eine solche Handlung juristisch unter Umständen nicht als Nothilfe zu werten wäre, so wird doch zumindest jedes Gericht bei der Strafzumessung auf die Umstände des Einzelfalls Rücksicht nehmen.

2. Der rechtfertigende Notstand

Von der Notwehr und der Nothilfe abzugrenzen ist der sogenannte rechtfertigende Notstand. Dieser ist in § 34 des Strafgesetzbuches geregelt.

Der aufmerksame Leser wird erkennen: § 34 des Strafgesetzbuches ähnelt dem § 32. Jedoch ist § 34 für deutlich weniger einschneidende Situationen geschaffen worden und ist dementsprechend ein wenig weiter gefasst.

Anders als bei der Notwehr wird beim Notstand nicht unbedingt von einem gegenwärtigen, rechtswidrigen Angriff ausgegangen. Eine Situation wird als Notstand gewertet, wenn eine „gegenwärtige, nicht anders abwendbare Gefahr" für ein Rechtsgut vorliegt.

Aus juristischer Sicht ist eine solche Gefahr dabei jeder Zustand, bei dem ohne Einleitung sofortiger Abwehrmaßnahmen der Eintritt oder die Vergrößerung eines Schadens für ein Rechtsgut droht.

§ 34 Strafgesetzbuch

Wer in einer gegenwärtigen, nicht anders abwendbaren Gefahr für Leben, Leib, Freiheit, Ehre, Eigentum oder ein anderes Rechtsgut eine Tat begeht, um die Gefahr von sich oder einem anderen abzuwenden, handelt nicht rechtswidrig, wenn bei Abwägung der widerstreitenden Interessen, namentlich der betroffenen Rechtsgüter und des Grades der ihnen drohenden Gefahren, das geschützte Interesse das beeinträchtigte wesentlich überwiegt. Dies gilt jedoch nur, soweit die Tat ein angemessenes Mittel ist, die Gefahr abzuwenden.

Die Notstandshandlung ist also die Verteidigung gegen eine allgemeine Gefahr – nicht gegen einen direkten Angriff. Eine Notstandshandlung kann darin bestehen, dass man auf einen Angreifer einwirkt, einen Angreifer verletzt oder auf Gegenstände einwirkt, die einem nicht gehören.

Beispiel

Ein Hund ist im Begriff, Person A anzugreifen. Person B beobachtet dies und geht davon aus, dass die Person A erheblich verletzt zu werden droht. Person B entschließt sich, den Hund anzugreifen, damit dieser von Person A ablässt. Wird der Hund hierbei verletzt oder getötet und es kommt zu einer gerichtlichen Auseinandersetzung, kann Person B unter Umständen eine Notstandssituation geltend machen.

Bei der juristischen Bewertung, ob eine Notstandssituation geltend gemacht werden kann, findet eine sogenannte Güterabwägung statt. Das bedeutet, dass eine Notstandshandlung nur dann vorliegen kann, wenn 3 Voraussetzungen erfüllt sind:

a) Die jeweilige Handlung muss erforderlich sein.

b) Sie muss geeignet sein.

c) Sie muss das mildeste Mittel zur Gefahrenabwehr sein.

Wer bei einem mutmaßlichen Notstand Hilfe leisten will, sollte sich also zuerst die Frage stellen, ob tatsächlich eine Notstandssituation vorliegt, und dann in einem zweiten Schritt überlegen, welches zur Verfügung stehende Mittel das mildestmögliche Mittel ist, um die Gefahr abzuwehren. Juristisch ausgedrückt: Eine Notstandshandlung ist nur dann erforderlich, wenn bei einer Abwägung der betroffenen jeweiligen Interessen das geschützte Rechtsgut das verletzte Rechtsgut wesentlich überwiegt.

Fazit

In Friedrich Schillers Drama „Wallenstein" heißt es:

„Es ist nicht immer möglich,
Im Leben sich so kinderrein zu halten,
Wies uns die Stimme lehrt im Innersten.
In steter Notwehr gegen arge List
Bleibt auch das redliche Gemüt nicht wahr –
Das eben ist der Fluch der bösen Tat,
Daß sie, fortzeugend, immer Böses muß gebären."

Mit wenigen Worten skizziert Schiller hier das Dilemma, in dem sich wohl die meisten wiederfinden, wenn sie in eine Angriffssituation geraten: Wehrt man sich nicht, so riskiert man die Verletzung der eigenen Rechtsgüter. Setzt man sich zur Wehr, wird man selbst zum Täter.

Auch wenn der „gesunde Menschenverstand" die Gegenwehr gutheißt – die Erfahrung zeigt, dass viele psychisch darunter leiden, wenn sie jemanden bewusst verletzt oder getötet haben. Jede gegen die Gesundheit oder das Leben eines anderen gerichtete Handlung kann darüber hinaus weitere negative Auswirkungen haben – bis hin zum Freiheitsentzug, falls vor Gericht eine Notwehr oder ein Notstand nicht anerkannt wird. Jeder, der bereit ist, sich bei einem Angriff zu verteidigen, sollte sich daher mit den zugrundeliegenden rechtlichen, aber auch ethischen Aspekten auseinandersetzen.

Ungeachtet dessen, was rechtlich zulässig ist, dürfte der allerbeste Rat zum Umgang mit Angriffssituationen immer noch sein, solche Situationen nach Möglichkeit zu vermeiden oder zu deeskalieren. Nicht ohne Grund sind dies auch die beiden ersten Säulen des hier vorgestellten Sicherheitskonzepts. Wem das gelingt, der ist in jeder Hinsicht auf der „sicheren Seite". In den meisten anderen Fällen wird es in der Regel nicht möglich sein, zunächst die juristischen Feinheiten zu durchdenken, bevor man handelt. Hier ist also der vielzitierte „gesunde Menschenverstand" wohl der beste Ratgeber.

Made in the USA
Columbia, SC
16 September 2024

42307013R00062